La importancia de llamarse Ernesto

Oscar Wilde

La importancia de llamarse Ernesto

Comedia frívola para gente seria

Prólogo, traducción y notas de Mauro Armiño

Alianza editorial
El libro de bolsillo

Título original: *The Importance of Being Earnest* (1895)

Diseño de colección: Estrada Design
Diseño de cubierta: Manuel Estrada
Fotografía de Javier Ayuso

PAPEL DE FIBRA CERTIFICADA

Calle Valentín Beato, 21
28037 Madrid
www.alianzaeditorial.es

ISBN: 978-84-1148-857-0
Depósito legal: M. 24.548-2024
Printed in Spain

Si quiere recibir información periódica sobre las novedades de Alianza Editorial, envíe un correo electrónico a la dirección: alianzaeditorial@anaya.es

Índice

Prólogo

Dos tragedias de regusto clásico, una obra inclasificable, *Salomé*[1], y cuatro comedias, además de dos textos inacabados, constituyen la obra teatral completa de Oscar Wilde. Si los inicios son más literarios que teatrales con las dos primeras tragedias de estilo isabelino y romántico, Wilde no tarda en cambiar de registro y escribir cuatro comedias que le dieron enorme prestigio en menos de cuatro años, los que van desde el estreno de *El abanico de Lady Windermere* en febrero de 1892, –con *Una mujer sin importancia* en medio, en abril de 1893– a la primavera de 1895, momento en el que es detenido cuando todavía se representan, con gran éxito de público en la cartelera londinense, sus dos últimas obras: *Un marido ideal* y *La importancia de llamarse Ernesto.* Si dejamos a un lado las dos tragedias que podrían calificarse de ju-

1. Disponible en la Biblioteca Wilde de esta colección, con traducción de Mauro Armiño (Madrid, Alianza Editorial, 2013). *(N. del E.).*

veniles *(Vera, o los nihilistas, La duquesa de Padua),* aunque fueran escritas a los 27 y 28 años, Wilde es un dramaturgo de «vacaciones»; tanto *Salomé* como las cuatro comedias finales se escriben al margen de la vida social del autor: empieza *Salomé,* tras tener mucho tiempo en la cabeza la idea, durante una estancia de dos meses en el otoño de 1891 en París, ciudad donde también había concluido *La duquesa de Padua.* Y las cuatro comedias se escriben en los veranos de 1891 a 1894; una por año: *El abanico* en el verano de 1891; *Una mujer sin importancia* en agosto de 1892; *Un marido* ideal en el verano del año siguiente, y *La importancia de llamarse Ernesto* entre agosto y septiembre de 1894. El estreno de estas obras se produce de forma casi inmediata tras el éxito de la primera, hasta el punto de que la citada en último lugar apenas si permanece en los cajones una vez terminada: el fracaso de la pieza *Guy Domville* de Henry James obliga al director del teatro St. James, George Alexander, a sustituirla por *La importancia de llamarse Ernesto* el 14 de febrero de 1895.

El arrollador éxito de estas dos últimas piezas suponía la confirmación de un gran autor teatral: habían precedido a ese título dos estrenos rotundos: *El abanico de Lady Windermere* (20 de febrero de 1892) y *Una mujer sin importancia* (19 de abril de 1893). Tres éxitos de público, con división de la crítica en los tres títulos. En medio, la obra maldita, *Salomé,* escrita en noviembre de 1891 en francés, y no en inglés, que iba a ser presentada por Sarah Bernhardt en su programa para la temporada de 1892 en el Palace Theatre londinense, pero cuya representación fue prohibida por el Lord Chambelán de turno; este cargo velaba desde 1737 para que nada escandaloso ni ofensivo molestase al monarca de la casa Tudor en materia de diversiones y festejos[2]. La justificación del censor puede parecer hoy un subterfugio y un pretexto anodino: la presencia de personajes bíblicos en la pieza, porque una antigua ley del siglo XVI prohibía este tipo de personajes sobre los escenarios, como secuela del enfrentamiento religioso entre Enrique VIII y la Iglesia de Roma. El texto de *Salomé,* que apareció dos años más tarde (1893) en París, en edición conjunta de una editorial francesa y otra inglesa (Elkin Mathews y John Lane), logró subir a las tablas el 11 de febrero de 1896, en el parisino Théâtre de l'Œuvre, dirigida por Lugné-Poe[3]; su autor, no pudo asistir: Oscar Wilde, estaba preso en la cárcel de Reading, rebajado de los trabajos forzados, dado su estado de salud, a los que también había sido condenado como secuela de unos hechos que tuvieron por marco circunstancial el estreno de *La importancia de llamarse Ernesto.*

Tres comedias burguesas

Los éxitos de público no habían engañado a la puritana sociedad inglesa: las obras de Wilde apuntaban la crítica contra una clase ociosa, contra unos personajes de moral es-

2. Ese antiguo decreto solo fue eliminado en 1968. Cuando, en 1918 y en Viena, Richard Strauss estrena la ópera con el texto, ya abreviado, de Wilde, también sufrirá los rigores de la censura, que consideró la ópera escandalosa.
3. Aurélien Lugné-Poe (1869-1940), fue un hombre clave del teatro de ese final de siglo y de las tres primeras décadas del XX: estrenó desde las obras simbolistas de Maeterlinck hasta el *Ubu roi* de Alfred Jarry, pasando por Claudel, Gide, Gorki, Crommelynck, Salacrou, etc. Creó un estilo «simbolista», tanto para la escenografía como para la interpretación: decorados sintéticos y sugerentes más que ilustrativos, dicción de salmodia con voz neutra para los textos poéticos, sin apenas efectos ni movimiento en el actor.

tricta que priman ante todo la buena educación mientras ocultan hipócritamente sus enredos y tienen un «crimen» en su pasado; sus tipos son dandis cínicos que con sus paradojas dejan al desnudo la moralidad convencional, con una intención que Bernard Shaw interpretó enseguida: un «conflicto entre nuestras simpatías artísticas y nuestro juicio moral». Añádase el diálogo brillante de las piezas, que contraponían dos lenguajes: uno de tópicos convencionales, otro de epigramas y chispas de ingenio que hacen saltar las máscaras. En *El abanico de Lady Windermere* la mujer en principio y apariencia «buena», es tortuosa por exceso y está dispuesta a escaparse con un amante sólo porque su marido ha permitido a una aventurera poner los pies en su baile; el exceso de puritanismo conduce, igual que el libertinaje, según Wilde, a la depravación. El meollo de *Lady Windermere* es la crítica de los tópicos de la sociedad victoriana, con el convencionalismo de su moral.

Su segunda pieza «de costumbres», *Una mujer sin importancia,* tras el intento fallido de superar la censura practicada en Inglaterra contra *Salomé,* vuelve a contener en su intriga un secreto que se desvela tanto para el espectador como para lord Illingworth al principio del segundo acto: su hijo es fruto de una relación ilegítima de su esposa. Reutilizando como había hecho en *Lady Windermere* el tema de la mujer caída, capaz de desafiar al seductor, esa crítica de la mujer a las presuposiciones masculinas termina por configurar el cuadro de una sociedad que engendra la inocencia y la culpa, el convencionalismo y el anticonvencionalismo, la constancia y el capricho. El éxito fue bendecido enseguida por el príncipe de Gales que asistió a la segunda representación, pero la crítica se mostró reacia, molesta sobre todo por las frases brillantes, como denunciaba el escritor Lytton Strachey: «Los epigramas inundan la obra como el mar. La mayoría eran totalmente inmorales, y casi todos estaban dirigidos cínicamente al gallinero»[4].

Wilde abandonaría el estreno de *Un marido ideal* antes de concluida esa primera función a la que asistían el príncipe de Gales, el primer ministro Chamberlain y varios miembros del gabinete gubernamental. La obra, en la que nuevamente los secretos tienen un papel motor para la intriga, será más dura todavía con la sociedad inglesa: el protagonista, Lord Chiltern, había vendido en el pasado un secreto de Estado, y gracias a ello ha podido cimentar su riqueza y su posición política. Aunque los personajes se parecen a los de las dos obras anteriores, su conducta es muy distinta: la protagonista femenina, Mrs. Cheveley, es una aventurera que, en vez de sacrificarse por su hija (Lady Chiltern), pretende aprovechar la situación para chantajear al marido: nadie sabe que su esposa procede de una mujer del arroyo. Y Lady Chiltern representa también a las puritanas tipo Lady Windermere: aunque su puritanismo se desvanezca en una escena de perdón y de amor, se verá obligada a pactar con la realidad y a pasar por encima de sus principios. La crítica acogió mal la obra, pero en esta ocasión Wilde tuvo de su parte a Henry James, que elogió «la nota moderna»; gracias a ella encuentra en «la afirmación en sir Robert Chiltern de la individualidad y del valor de sus pecados, y contra el idealismo mecánico de su mujer estúpidamente buena, y en su amarga crítica de un amor que sólo es la recompensa del mérito».

4. Lytton Strachey, *Retratos en miniatura,* trad. Dámaso López García, Madrid, Editorial Valdemar, 1997.

Del éxito a la catástrofe

Entre agosto y octubre de 1894 Wilde pasa el verano en Worthing, con su familia, decidido a terminar *La importancia de llamarse Ernesto,* obra que reúne varios temas que había venido desarrollando desde 1889; el titulo mismo ya derivaba del subtítulo de su diálogo *El crítico como artista, con algunas observaciones sobre la importancia de no hacer absolutamente nada.* Si en *El alma del hombre bajo el socialismo* Wilde ya había rechazado el matrimonio, la familia y la propiedad privada, en *La importancia de llamarse Ernesto* los repudia de una forma compleja, insistiendo tanto en que hay que fortalecerlos que el resultado es una burla demostrativa de la extravagancia de esos lazos. Mientras Salomé termina ejecutada porque su pasión es autodestructiva, en *La importancia de llamarse Ernesto* los personajes viven en una pura y total despreocupación. Si en *Salomé* la falta es condenada, y si en la novela de Wilde *El retrato de Dorian Gray* los pecados ni siquiera se nombran, en *Ernesto* esas faltas, o «crímenes» son pecados levísimos, nada perjudiciales ni para los personajes ni para la sociedad: desde la glotonería con los canapés de pepino hasta el egoísmo de llevar una doble vida para evitar el aburrimiento de los compromisos sociales; en la versión wildeana en cuatro actos, el «crimen» cometido por Algernon y que está a punto de llevarlo a la cárcel, es ridículo, irrisorio: se ha endeudado por comidas, como demuestran las facturas del Savoy; Wilde llegará incluso a parodiar una ceremonia religiosa como el bautismo: los dos protagonistas, Jack y Algernon, pretenden ser rebautizados, situación extraída de la propia vida familiar de los Wilde; según una versión, los hijos del matrimonio Wilde habrían sido bautizados por un sacerdote católico, el padre Fox, tutor de ambos y director del reformatorio de Glencree, en las montañas de Wicklow, donde pasaba la familia los veranos; este tipo de bautizos no solía registrarse; Oscar, que tendría entonces entre cuatro y cinco años, decía a sus amigos que por su memoria rondaba un vago recuerdo de haber sido bautizado católico. Así incrustaba Wilde sus inquietudes, vivencias y aprensiones en una obra.

De la primera redacción de *Ernesto,* titulada *The Guardian (El tutor),* apenas si quedaron algunos restos en el resultado final –por ejemplo, ciertos nombres, y el personaje de Miss Prism, que en esa versión no pretende al reverendo Chasuble, sino a su amo; en la segunda, que tituló *Lady Lancing, comedia seria para gente frívola,* Wilde va acercándose a lo que terminaría convirtiéndose, tras eliminar buena parte de frases ingeniosas porque demoraban la acción, en *La importancia de llamarse Ernesto, comedia frívola para gente seria,* que es «una comedia y una farsa [...] admirable para el estilo, pero fatal para la escritura», le escribe Wilde a su amante Alfred Douglas, cuando estaba trabajando en ella.

George Alexander (1858-1918), actor-director que ya había puesto en escena *El abanico de Lady Windermere,* leyó el manuscrito a finales de octubre y trató de convencer a Wilde para que acortase la obra dejándola en tres actos. Terminaría siendo ese director quien eliminase la escena del abogado Gribsby, quien redujera los papeles del reverendo Chasuble, de Miss Prism y de Algernon, para aumentar el que él mismo interpretaba, el de Worthing. Todo se hizo deprisa: la fallida pieza *Guy Domville* de Henry James tenía que ser sustituida en el teatro St. James, y el libreto de *La importancia de llamarse Ernesto* pasó casi con la tinta todavía húmeda a las manos del director. Tras un viaje a Argelia en compañía de Douglas, donde se encuentra con André Gide, Wilde solo pudo asistir a los últimos ensayos.

El mismo día del estreno, ese 14 de febrero de 1895, mientras la sala seguía aplaudiendo y la crítica daba casi por unanimidad su beneplácito, Alexander se atribuía parte del triunfo gracias a los cortes; la ironía de la respuesta de Wilde no debió importar mucho al actor-director, cuya interpretación fue jaleada por público y crítica: «Mi querido Aleck, era delicioso, completamente delicioso. Y ¿sabe?, me ha hecho pensar de vez en cuando en una obra que yo mismo escribí hace tiempo y que tenía por título *La importancia de llamarse Ernesto*».

Pocas tramas han sido más explotadas que la que presenta *La importancia de llamarse Ernesto:* un huérfano que termina admitiendo sus orígenes y recuperando una herencia, dos gemelos que terminan reconociéndose, con un *deus ex maquina* que nos remite a Menandro y a Plauto; pero el interés de la pieza no está en la acción, sino, como le dijo a Robert Ross, «hay que tomarse muy en serio todas las cosas frívolas, y todas las cosas serias de la vida con una frivolidad sincera y estudiada».

Y la obra se convierte así, entre otras cosas, en una exaltación del amor al tabaco como justificación suficiente para un oficio respetable, que hace merecedor a Jack Worthing de la mano de la hija de Lady Bracknell, que lo argumenta: «Un hombre siempre debe tener alguna ocupación». Wilde sólo se interesa por el ingenio del lenguaje, hasta el punto de que en el desenlace la trama retorna al principio: en el camino, lo único que Wilde demuestra es que las categorías lógicas habituales no sirven para nada y carecen de interés; por eso el dramaturgo las invierte, convirtiéndolas en núcleo de la acción; y el estilo, el lenguaje, la cháchara y su canto son el único gozo de la pieza. Un poeta como Auden lo vio claro cuando calificó *La importancia de llamarse Ernesto* como «la única opera verbal escrita en inglés»[5].

La infamia de una condena

Sólo son cinco años, los que van desde 1890, fecha de publicación en una revista norteamericana de la primera versión del *Retrato de Dorian Gray,* hasta 1895, cuando a principios de año, en enero y febrero respectivamente suben a los escenarios *Un marido ideal* y *La importancia de llamarse Ernesto:* esos cinco años le habían bastado para convertirse en el dramaturgo de moda, en el escritor más discutido, comentado, invitado y denostado del Londres de esa etapa; cada año, desde 1891, está marcado para Wilde por el éxito en todos los campos: poesía, ensayo, cuentos, teatro. Pero también en 1891 había conocido a un joven aristócrata, Alfred Douglas (1870-1945). Su padre, el marqués de Queensberry (1844-1900), era un personaje deportista y zafio, que se preciaba de haberse dedicado en su juventud a cortar y despedazar tiburones, y que, de no ser por el proceso que contra él emprendió Oscar Wilde, habría dejado su nombre en la historia por ser el primero en reglamentar un deporte brutal, el boxeo, al que dio sus primeras normas;

5. W. H. Auden, *Forewords and Afterwords,* Londres, Faber and Faber, 1973, especialmente las págs. 322-323.

sacó así de los bajos fondos las peleas que se organizaban en calles y mercados, con las apuestas como aliciente principal de los puñetazos, hasta conferirle un estatuto de deporte para caballeros. Queensberry andaba por la vida a mamporros: con su mujer, de la que estaba separado, lo mismo que con sus hijos, a los que no podía controlar. Alfred Douglas, Bosie, se había emancipado de la zafiedad paterna y paseaba su homosexualidad por los barrios bajos de Londres; es precisamente en 1891 cuando un amigo común presenta a Wilde y a Bosie, enfervorizado lector de *El retrato de Dorian Gray,* hasta el punto de asegurar que había leído la novela más de una docena de veces. A partir de ese año, entre el joven Bosie y el escritor se entabla una relación amorosa atormentada, sobre todo para este último. El bello y joven lord era apasionado, vengativo, cruel en unas relaciones de dominación en las que Wilde adoptaba un papel pasivo, como demuestran sus cartas y la peripecia vital de ambos en esos nueve años de vida en común, por épocas, y como deja de manifiesto sobre todo *De profundis,* la larga carta que Wilde le escribirá desde la cárcel de Reading.

El caprichoso Bosie introduce a Wilde en unos ambientes de amores domésticos y ancilares, clandestinos, que no eran desconocidos para el poeta: si bien la homosexualidad estaba tipificada como delito por la ley inglesa, era practicada en todos los ámbitos sociales, como no podía ser menos. La espada de Damocles de esa ley pendía sobre la cabeza de los homosexuales y daba lugar a clandestinidades, miedos y chantajes: bastaba una denuncia para que los fiscales, que tanto se «desvivian» siempre por el bien público, dejaran de mirar hacia otro lado ante hechos por todos conocidos; más que la práctica del sexo homoerótico era su publicidad lo que se perseguía. Por eso, cuando en abril de 1895 el marqués de Queensberry deja en manos del portero de un club londinense su tarjeta con la frase «Para Oscar Wilde, que alardea de sodomita», Oscar Wilde cava su propia trampa al denunciar por difamación e insultos al padre de Bosie.

Hizo el poeta caso omiso de refranes y dichos que previenen contra cualquier contacto con los tribunales, ni siquiera cuando se tiene la razón de parte, instigado sobre todo por Bosie y por su abogado: de hecho, era una querella entre la rebeldía de un hijo y la obcecación de un padre que acosaba a Wilde para intentar romper la relación que mantenía con su vástago. No hay que olvidar un hecho: el hijo mayor del marqués, Francis, vizconde de Drumlanrig (1867-1894), habría muerto en un accidente de caza. Corrieron los rumores de asesinato o de suicidio, probablemente tras ser amenazado de chantaje por la relación que mantenía con Lord Rosebery, primer ministro de la reina Victoria de marzo de 1894 a junio de 1895.

De nada sirvieron consejos de familiares, abogados y amigos: el caprichoso Bosie quería utilizar a Oscar Wilde como brazo armado contra su padre, y lo único que consiguió fue hundir en el abismo a Wilde, y marcar para siempre su propia vida. El poeta cometió el error de caer en lo que él mismo denunciaba como el peor defecto de la sociedad victoriana: la hipocresía; aunque no fuera esa su voluntad, trató de salvar las apariencias. Le costó primero la cárcel, luego el silencio casi definitivo y por fin una muerte ignominiosa en la miseria.

Pese a los consejos, Wilde no se decide a escapar a Francia, y es arrestado: «Me quedaré y cumpliré la sentencia, cualquiera que sea». Elegía así la figura de perseguido, porque el poeta que había arrojado al rostro de la corrompida sociedad victoriana su protesta de dandy, no podía terminar como un fugitivo. Se convirtió por el contrario, aunque a costa de su vida, en testigo de cargo de la hipocresía moral de la sociedad en que vivía, y cuyos vicios, ocultos, clandestinos, eran deshonrosos. «Al menos mis vicios eran decentes», dirá Wilde.

La puritana Inglaterra, al siglo justo de condenarlo, pretendió lavarse de su infamia reivindicando el nombre de Oscar Wilde, y admitiendo de paso la homosexualidad como una forma más de las relaciones amorosas; demasiado tarde, Wilde moría tres años después de salir de la cárcel de Reading para apenas volver a escribir, arruinado, exiliado en París y convertido en patética sombra del dandy ingenioso que quince años antes llenaba los teatros londinenses y encantaba a una sociedad que se horrorizó cuando se hizo público lo que todos sabían. El Vaticano también aprovechó el centenario para sumarse al «perdón» y acogerlo entre sus fieles, alegando que, con su confesión de última hora, Wilde había lavado todos sus «extravíos» anteriores.

Resulta difícil interpretar así los hechos desde el punto de vista histórico: el catolicismo de Wilde fue siempre puramente formal, estético: en una Inglaterra anglicana, el irlandés tenía que elegir la iglesia católica, cuyos fastos y ceremonias bastaban para deslumbrar a un decadente. Además de sus conversaciones con su íntimo amigo Robert Ross, católico practicante, los testimonios de este último son concluyentes: fue Ross quien se encargó de buscar un confesor irlandés en los aledaños del Hôtel Alsace parisino donde Wilde moría el 28 de noviembre de 1900; la educación inglesa lo llevó a preguntar al moribundo si quería ser asistido religiosamente: Wilde levantó la mano y Ross entendió que la respuesta era afirmativa; pero él mismo afirmaría luego de manera concluyente que no sabía si Wilde era consciente o no.

Ese fue el final que Wilde no podía adivinar cuando en abril de 1895 presentaba una querella contra el marqués de Queensberry por la tarjeta ya citada en que lo calificaba de «sodomita». Mientras en la cartelera triunfan sus dos últimas obras, da inicio en ese momento un drama indigno, sórdido y vil, protagonizado por una Justicia infame, comparable al proceso que llevó a la horca a un comerciante jansenista en marzo de 1762, bajo la acusación de haber matado a su hijo: ese jansenista fue sometido a tortura ordinaria en la rueda –es decir, a ser roto en vivo mediante un sistema de poleas que tiraban de los cuatro miembros–, y a la tortura «extraordinaria», que consistía en hacer ingerir por la fuerza al sentenciado gran cantidad de agua con la esperanza de lograr que se confesase autor de la muerte de su hijo; acto seguido fue estrangulado y luego quemado en la hoguera. La sentencia lo condenaba porque «verosímilmente» era autor de la muerte de Marc-Antoine Calas; y como el crimen era de religión, y estaba implicada toda la familia según el tribunal, el fiscal pidió –y así lo sentenciaron los jueces del parlamento de Toulouse–, además del ajusticiamiento del padre y de Pierre Calas, el ahorcamiento de la madre, dejando para una sentencia posterior el castigo que merecían el joven Lavaisse y la criada Jean Viguière por su complicidad[6]. Otro proceso

6. Véase en detalle: Voltaire, *Tratado sobre la tolerancia con ocasión de la muerte de Jean Calas,* trad. de M. Armiño, Madrid, Alianza Editorial, 2016.

infamante y con argumentos parecidos, el de *Las brujas de Salem,* es más conocido, gracias a la obra teatral de ese título del dramaturgo estadounidense Arthur Miller.

Detrás de esos procesos, aunque impotentes, hubo dos grandes defensores: Voltaire y Miller. Wilde no tuvo defensa alguna, salvo que lo sea, también póstuma, el libro *Los procesos contra Oscar Wilde*[7], que transcribe íntegramente las actas de acusación, defensa, declaraciones de testigo y sentencia de los tres procesos que acabaron con el autor de *La balada de la cárcel de Reading.* Porque Queensberry se defendió con todas las armas que las andanzas sexuales de Wilde le prestaron, y con el propio desparpajo del poeta, quc respondía con lo que más podía irritar a la puritana sociedad inglesa: con un ingenio lleno de desprecio por la moral imperante. Los testigos fueron abundantes y deslenguados: hoteleros, amas de llaves, caseras, vecinas, detectives, camareros, masajistas «diplomados», fabricantes de billares, empleados de joyerías, policías, detectives, jóvenes amantes y chaperos que pusieron al descubierto el «sistema» amoroso de la pareja Douglas-Wilde: el poeta utilizaba a un amigo, Taylor, que también sería condenado, como celestino y alcahuete, por haberse encargado de entrar en contacto y presentarles a «jóvenes de baja condición social» y «jóvenes modestos cuando son de aspecto agradable».

Ante el cariz del proceso, el abogado de Wilde retiró la acusación contra Queensberry; pero los testigos habían escarbado en detalles demasiado escatológicos y daban una especie de imagen socrática de Wilde como corruptor de la

7. *Los procesos contra Oscar Wilde,* trad. de Ulises Petit de Murat, Madrid, Editorial Valdemar, 1996.

juventud. Cerrado el telón del proceso contra Queensberry (que según la sentencia tenía toda la justificación paterna y social para calificar a Wilde de sodomita en interés del bien moral público), este exigió del fiscal abrir otro, dados los hechos que habían salido a la luz durante el caso, y sentar en el banquillo a Wilde y sus amigos, acusados de veinticinco cargos. La nueva ronda de testigos, pese a su pormenorizadas declaraciones –«las sábanas estaban manchadas de una forma especial», llegará a decir una sirvienta encargada de la limpieza–, no logró que el jurado se sintiera capaz de emitir un veredicto, y sería un tercer proceso el que por fin condenara a Wilde y a Taylor.

Durante el juicio, las acusaciones llovían sobre todo, incluso sobre una obra publicada cinco años antes, *El retrato de Dorian Gray:* de nada le sirvió a Wilde contestar con ingenio a las preguntas del fiscal Carson, que quería saber si esa novela era un libro pervertido y pervertidor: «Sólo para brutos y analfabetos. Las ideas de los filisteos sobre arte son imprevisiblemente estúpidas». Dentro y fuera del jurado se produjeron las secuelas a que daba lugar la ley: el fiscal utilizó a las «víctimas», a los muchachos que habían participado en los actos de que se acusaba a Wilde; amenazados con ser llevados ante los tribunales, declararon lo que el fiscal quiso contra el poeta, que, además de la furia de los padres, tenía que soportar el chantaje de otros muchachos, pagar el viaje de alguno a América y seguir siendo chantajeado incluso desde el otro lado del Atlántico.

Fueron dos los procesos, dejando a un lado el iniciado por Wilde contra Queensberry, porque en el primero en que se procesaba específicamente al dramaturgo y que empezó el 26 de abril de 1895, el tribunal no logró ponerse de acuerdo sobre la sentencia; antes de iniciarse el segundo, Wilde consigue la libertad bajo fianza desde el 7 al 22 de mayo; resultó difícil reunir la fianza; el reverendo Stewart Headlam, socialista y cristiano no ortodoxo, le prestó una parte de la cantidad exigida por el juez, pero se quedó sin criada y varios amigos se alejaron de él. Luego, para pasar esas dos semanas Wilde tuvo que refugiarse en casa de su hermano, con el que mantenía relaciones nada amistosas, y que se vio obligado a recogerlo porque, de otro modo, como el propio Wilde le dijo, se habría muerto en la calle; ningún hotel de la ciudad quiso admitirle, tanto por la fama con que el primer proceso lo había embadurnado como por los matones que el marqués de Queensberry puso tras sus pasos.

Sólo tres días duró el nuevo juicio: del 22 al 25 de mayo: «La idea de la *Balada de la cárcel de Reading* me vino a la mente mientras estaba en el banquillo de los acusados». Cuando oye el alegato de la acusación, a Wilde se le ocurre que todo lo que estaba diciendo el fiscal, dicho por Wilde, sería espléndido. «Comprendí entonces inmediatamente que lo que se dice de un hombre no es nada. Lo importante es quién lo dice».

Curioso ejemplo de hipocresía: en la admonición con que el juez Alfred Wills somete el caso a los miembros del jurado resulta evidente la parcialidad del juez, que trata de salvar a Wilde haciendo hincapié en su «calidad» como hombre perteneciente a la aristocracia más distinguida y a su condición de artista al que su ingenio ha puesto por encima del común de los mortales. Sin embargo, una vez que el jurado emitió su veredicto de culpabilidad, Wills cerró el proceso volviéndose de forma casi apocalíptica contra los dos condenados: «No es necesario que los arengue. Personas que pueden hacer semejantes cosas deben estar muertas a toda sensación de vergüenza y uno no puede esperar producir ningún efecto sobre ellos. Este es el peor caso que he tenido que juzgar»; y declaró, además, que le parecían inadecuados e impropios, por escasos, los dos años de cárcel y trabajos forzados. «A mi juicio [ese castigo de dos años de trabajos forzados] es totalmente inadecuado para un caso como este».

Un gran poeta, el irlandés William Butler Yeats, que ayuda a Wilde en el proceso, comenta lo que ocurrió tras la sentencia: «Las prostitutas bailaban en las calles», porque acababan de eliminar a un rival. Tuvieron derecho los acreedores a malbaratar las propiedades y bienes de Wilde; su editor se vio obligado a retirar de la circulación sus libros y los empresarios de teatro a suspender la representación de las dos obras que se daban en la cartelera londinense. En Francia también se le rechaza: Jules Huret, gacetillero de *Le Figaro littéraire,* nombra a modo de denuncia a los amigos de Wilde en París: Catulle Mendès, Marcel Schwob y Jean Lorrain, quien provocó un duelo entre Mendès y Huret, concluido con unas pocas gotas de sangre. En ese momento de apuro y angustia, Sarah Bernhardt se niega a comprar los derechos de *Salomé* para ayudar a pagar, con los 1500 o 2000 dólares de *avaloir,* los gastos judiciales.

Mientras se procedía al primer proceso contra Wilde, el marques de Queensberry había hecho valer su derecho a reclamar las costas del juicio, seiscientas libras, y declaró en bancarrota a Wilde; entraron a saco en su casa, fueron vendidos sus manuscritos, los libros propios y los dedicados por poetas, entre los que figuraban obras de Victor Hugo, Verlaine, Mallarmé, Whitman, dibujos de Whistler...

Tres, además de la Newgate inicial, fueron las cárceles por las que Wilde pasó soportando unas experiencias brutales de las que no se levantaría: «El régimen penitenciario, un régimen tan terrible que endurece los corazones de aquellos cuyos corazones no se rompen, y embrutece a los que tienen que aplicarlo no menos que a quienes tienen que someterse a él». Y en medio, ha de soportar castigos todavía peores, como los que le infligieron distintos capellanes. Uno le pregunta: «¿Rezaba usted las oraciones matutinas en su casa?». «No, lo siento». «Pues ya ve dónde está usted ahora».

El capellán suplente de la prisión de Pentonville, apellidado Morrison, escribe el 11 de septiembre de 1895 que, durante su visita, había olido a semen y que el preso estaba degenerando por caer en la masturbación. Las autoridades carcelarias rechazarán la versión del capellán, porque el olor que había llegado a la siniestra pituitaria del cura era del desinfectante habitual que se utilizaba para la limpieza de las cárceles; el decaimiento del poeta no se debía a la masturbación que el capellán, en un acto de evidente «caridad» cristiana, le suponía, sino a la disentería provocada por el trabajo forzado y por el hambre, por su obligación a asistir a la capilla, donde un día cayó desmayado golpeándose en el oído derecho, cuya audición ya tenía disminuida antes de entrar en prisión.

Es el propio Wilde quien habla de los castigos autorizados en la vida de un interno: el hambre, el insomnio y la enfermedad; de comida: sopa, gachas y agua. Algunos amigos lo ayudan desde el exterior y consiguen que sea trasladado a la cárcel de Reading, de reglamento más suave, donde se le pone a trabajar en el jardín y donde da clases como maestro a los demás reclusos. En Reading se le permite leer, por orden del ministerio de Justicia, dado que el director de la prisión, el teniente coronel Isaacson, que «tenía los ojos de un hurón, el cuerpo de un mono y el alma de una rata», castigó a Wilde donde más podía dolerle: «Me castigan constantemente por nada; a este director le encanta castigar, y me castiga quitándome los libros». El poeta, cuyo absceso en el oído empeora por falta de atención médica, sufre pérdida de visión pero, sobre todo, empieza a sentir que entra en un proceso de locura; padece además de gota y tiene anemia, pero el médico lo acusa de fingirse enfermo. Como remate a esta situación interior, están las traiciones del exterior: Douglas nunca le escribió ni fue a visitarlo en esos dos años; a comienzos de diciembre de 1896 los amigos, que consideran el castigo suficiente, empiezan a escribir circulares para que las autoridades abrevien la pena. El novelista Henry James se niega a prestarle ayuda alegando que todo aquello era asunto de los amigos de Wilde, y que él nunca había sido amigo suyo. En Francia también se mueven varios amigos, pero algún ingenioso, como el poeta parnasiano y sentimental François Copée, aprovecha para arremeter: «Un escritor que es un cerdo sigue siendo un cerdo». No firman las peticiones Zola, Paul Bourget, André Gide, Jules Renard, que apostilla su negativa con una frase: «Firmaría con gusto a condición de que se comprometa firmemente a no escribir nunca más». Ante tantas negativas, los amigos franceses tuvieron que desistir y abortar las maniobras de presión sobre las autoridades inglesas.

En julio de 1896, la situación de Wilde cambia gracias a un nuevo alcaide, el comandante J. O. Nelson, que no tiene la catadura de militarote del anterior y le permite la lectura de libros, le proporciona tinta, pluma y hojas separadas, y más tarde, un cuaderno; su aprecio lo lleva a dejar a Wilde libros que le han gustado a él. Parece que fue Nelson quien estimuló a Wilde para que escribiera una especie de autobiografía de sus últimos cinco años, con reflexiones sobre el trayecto del placer al dolor y el remordimiento; ese fue uno de los gérmenes que lo impulsaron a escribir la carta *De profundis,* en la que los reproches a Bosie se mezclan con la ternura. Pero por encima de la peripecia personal, desde el punto de vista literario, *De profundis* pertenece al ámbito de la poesía autobiográfica de un Wordsworth y entronca con la literatura de ese mismo género que tenía su máximo exponente en las *Confesiones* de San Agustín –pidió ese libro, además del *De civitate Dei,* para leerlos en la cárcel–, aunque el sentido de su obra sea distinta: san Agustín se fustiga a sí mismo, confiesa sus errores de juventud; Wilde hace lo contrario, reprocha a Douglas sus caprichos, sus rencillas, y, sobre todo, haberlo introducido y llevado por el mal camino: no era, como creyeron los primeros comentaristas, un libro de contrición. *De profundis* es un acto de afirmación de identidad; Wilde vuelve a los aforismos con que iniciaba *El retrato de Dorian Gray:* el autor del mayor escándalo de la última década londinense era, ante todo, un escritor, un hombre de letras, y *De profundis* narra su evolución.

El 7 de julio de 1896 Wilde asiste en Reading, a la ejecución de un hombre, Charles Thomas Wooldrige, militar condenado a muerte por haber degollado de manera premeditada a su mujer, que le era infiel, en un camino rural el 29 de marzo: en un viejo poema, «Humanidad», Wilde había escrito:

Y éramos vanos e ignorantes, y no sabíamos
que al apuñalar tu corazón matamos nuestros propios corazones.
Pues todo hombre mata lo que ama.

Ahora está hablando del preso ejecutado, y también de su experiencia personal; Wooldrige era la realidad, Douglas la parábola. Cuando, al leer la *Balada,* Bosie le pregunte qué quiere decir el verso «todo hombre mata lo que ama», Wilde responde: «Tú deberías saberlo». Este canto del cisne, como lo calificó el propio Wilde, se nutría, no del arte ni del esteticismo, sino de una experiencia vivida que, según su propia doctrina estetizante, nunca debería tener la menor influencia en una obra. *De profundis* es el poema de Wooldrige y el poema de Wilde: es el buen criminal condenado, tan caro a los héroes románticos, perseguido por las fuerzas represivas de la ley y la religión; pero, por encima de los hechos, son la meditación sobre el amor y la muerte lo que subyace; una acusación contra las fuerzas de destrucción, contra la jauría de los biempensantes, de las gentes de bien, más peligrosas que las manadas de lobos con que se ha comparado los movimientos del populacho.

No volvió a escribir más. El dandy se desmochó en los trabajos forzados que le rompían las uñas y hacían sangrar sus dedos. Devuelto a la libertad el 18 de mayo de 1897, Wilde escaparía a París: los dos años de cárcel le habían quitado todo: desde provocar su ruina económica a privarle del apellido: la justicia inglesa permitió a sus hijos llevar un nuevo apellido, Holland, que también asumió su esposa Constance. A Francia también llegó marcado y acompañado por una sexualidad que tanto la sociedad inglesa como la francesa consideraban infamante: hasta un amigo como André Gide, que en *Corydon* había defendido, aunque bajo velos narrativos, la homosexualidad, y con el que había compartido un viaje de lo que hoy se llamaría turismo sexual en Argel, trataba de esquivar a Wilde en París para no encontrarse con él. Era vieja la costumbre de rehuir a los homosexuales declarados y condenados por la «justicia».

El final

«Puedo escribir, pero he perdido la alegría de escribir», declara en esos momentos del exilio. Y, en otra ocasión: «porque he escrito todo lo que tenía que escribir. Escribí cuando no conocía la vida, y ahora que conozco el significado de la vida, no tengo nada más que escribir».

Wilde no está para comedias cuando recobra la libertad; el arte y la vida, para él sinónimos, se han truncado; escribe o revisa dos ideas teatrales, los esbozos *La Santa cortesana, o la mujer cubierta de joyas* y *Una tragedia florentina,* en las que sigue afirmando la relatividad que domina todo su teatro: en la primera, el eremita y la cortesana invierten sus papeles, mientras en la segunda, Simone y su mujer Bianca terminan por reconocerse distintos a cómo eran.

Durante gran parte de su estancia en Reading, a Wilde sólo se le permitió leer la Biblia; al salir, en su cabeza bullen dos proyectos basados en ese libro: el primero, en la historia de José en Egipto, titulado *El Faraón;* el segundo, en Jezabel, recurriendo a un tema que ya había trabajado el clasicismo francés, sobre todo Racine, cuya obra *Athalie,* nombre de la hija de Jezabel, Wilde había visto interpretar a Sarah Bernhardt. Hija del rey de los sidonios, Jezabel es, como Salomé, una mujer maldita, casada con el rey Ajab, a quien había convencido para restablecer el culto a Baal y otros ídolos: «No hubo quien se prestara como Ajab para hacer el mal a los ojos de Yahvé [...] porque su mujer Jezabel lo había seducido, yendo tras los ídolos, en todo como los amorreos a los que Yahvé expulsó ante los israelitas» (I Reyes, 21, 25-26). Jezabel había ordenado exterminar al profeta Elías, que se vio obligado a huir; durante la rebelión del usurpador Jehú, Jezabel fue arrojada por la ventana y su cadáver comido por los perros, tal como había predicho Elías.

Estos dos esbozos no llegarán a ser escritos, y de ellos sólo se ha encontrado el testimonio que ofreció André Gide bastante tiempo después de muerto Wilde:

> Su obra no estaba escrita; nunca lo será. La sociedad sabe bien arreglárselas cuando quiere suprimir a un hombre y conoce medios más sutiles que la muerte. [...] Wilde había sufrido mucho desde hacía dos años y de un modo demasiado pasivo. Su voluntad había sido quebrada. Los primeros meses aún pudo hacerse la ilusión, pero pronto la abandonó. Fue como una claudicación. En su vida desmoronada no quedó nada más que un doloroso relente de lo que había sido en otro tiempo; por momentos una necesidad de demostrar que todavía pensaba; ingenio, pero rebuscado, forzado, lleno de arrugas[8].

8. André Gide, *Oscar Wilde, In Memoriam,* 1910.

De todo ello sólo se salvó un guion, *Mr. and Mrs. Daventry*. George Alexander, que lo había desairado volviendo la cabeza en Cannes cuando se cruzaba con él, lo visita en el verano de 1900 para ofrecerle ayuda; tras la bancarrota judicial de Wilde, Alexander había comprado los derechos de *El abanico de Lady Windermere* y de *La importancia de llamarse Ernesto,* y quería pagarle algún dinero porque proyectaba volver a montarlas. La insistencia del director se unía también a la propuesta de su amigo Frank Harris, que se ofreció a redactar por él, a partir de un guion pensado por Wilde, una obra y a compartir los derechos de autor. Wilde arma el argumento de una obra, *Mr. and Mrs. Daventry* y firma con Harris el acuerdo el 4 de octubre de 1899; pero Wilde daría otra opción sobre la misma obra a Ada Rehan el 7 de febrero de 1900, y, con posterioridad, otra a su editor, Leonard Smithers. Estrenada en octubre de 1900, *Mr. and Mrs. Daventry* supuso otro disgusto para Wilde: «Usted no sólo me ha robado la obra, sino que la ha arruinado», dirá con amargura a un Harris que se defiende de no haberle pagado derechos por haberse visto obligado a recomprar las otras opciones que Wilde había firmado. *Mr. and Mrs. Daventry* seguía representándose en la cartelera londinense cuando Wilde moría en París.

Un ataque de meningitis libró pronto a Wilde de sentirse acompañado por la hipocresía del mundo. El 25 de noviembre de 1900, dos médicos, uno inglés y otro francés, constatan «perturbaciones cerebrales importantes resultado de una antigua supuración del oído derecho, en tratamiento por lo demás desde hace varios años». El 27 los síntomas se han agravado y el diagnóstico es una meningitis encefálica admitida sin réplica. No puede pensarse en una trepanación. Un amigo, Reggie Turner, se instala a su cabecera; Wilde se niega a obedecer a los médicos. Su amigo de toda la vida, Robert Ross, católico, decide llamar a un sacerdote irlandés.

«No hay más infierno que este: un cuerpo sin alma, o un alma sin cuerpo». Ross le ha dicho que el catolicismo era verdadero, Wilde contesta: «No, Robbie, no es verdadero». Cuando Ross le pregunta si quiere ver a un sacerdote, Wilde levanta la mano: «En ningún momento pudo hablar, y no sabemos si estaba totalmente consciente... Lo hice por mi propia conciencia y la promesa que había hecho», declararía Ross.

M. Armiño

Nota de edición

Sigo para la traducción la edición crítica de Russell Jackson, *The Importance of Being Earnest,* teniendo a la vista la de Montgomery Hyde, *The Annotated Oscar Wilde,* ambas citadas en la bibliografía. Sigo como ellas la versión del autor, en cuatro actos, frente a la de tres actos, que puede considerarse «obra» del director de escena que lo estrenó, George Alexander; esta suele ser la empleada en los montajes españoles de la obra, al menos de las cinco que he tenido ocasión de ver desde los años 1970. Si es «comprensible» dado el ahorro económico y la menor duración que supone la puesta en escena, más difícil resulta entender los motivos por los que la mayoría de las traducciones se limitan a esos tres actos «creados» por Alexander, que tienen en el propio Wilde, como se ha apuntado, la crítica: «Mi querido Aleck, era delicioso, completamente delicioso. Y ¿sabe?, me ha hecho pensar de vez en cuando en una obra que yo mismo escribí hace tiempo y que tenía por título *La importancia de llamarse Ernesto*». Devolver a Wilde lo que es suyo es la norma que lógicamente siguen las ediciones inglesas.

Adopto, y asumo, el título que tradicionalmente se ha dado en español a la pieza: *La importancia de llamarse Ernesto.* Crea el problema del juego de palabras que Wilde utiliza entre el adjetivo *Earnest* y el nombre de uno de los protagonistas. El título que admito como tradicional no siempre se ha traducido así, y desde fecha muy temprana ofrece variantes con la versión de ese adjetivo: *earnest* tiene el significado de 'severo', 'formal', 'constante', 'fiel', 'franco', 'serio'. Este último es el que adoptó una de las primeras versiones, *La importancia de ser hombre serio,* firmada por el argentino Agustín Remón en 1919. El gran traductor mexicano Alfonso Reyes, utiliza el adjetivo «severo» como nombre en *La importancia de ser Severo,* pero ese cambio a lo largo de la obra crea más problemas de los que resuelve; lo mismo hace la antigua traducción catalana de Eduard Artells en 1938, utilizando el nombre de *Fidel.* En traducciones catalanas se ha dado con más frecuencia la traducción de *Earnest* por un nombre. Además de la citada de Artells, Jaume Melendres lo hizo utilizando el de Frank en su edición del Institut del Teatre de 1998: *La importància de ser Frank.*

Únicamente he alterado el trato de «usted» por el tuteo en los dos protagonistas masculinos, viejos amigos; lo he mantenido en cambio en el resto de los personajes, incluido el de las dos parejas de enamorados y el de madre e hija. Ese tratamiento también se cumple en la literatura francesa –teatro, novela– de entresiglos, y que incluso en el XXI plantea ambivalencias en el cine francés más reciente. En cuanto a los nombres, he respetado su forma inglesa, frente al convencionalismo del teatro español que, para escena e incluso en libro, solía adaptarlos a otros más o menos parecidos a nombres españoles. En el caso del reverendo Chasuble, ese nombre, traducible por Casulla, se remite a una tradición de la comedia europea (Molière), que nombraba a ciertos personajes en función de su oficio.

M. Armiño

Bibliografía

Obras de Oscar Wilde

Correspondencia, trad. María Luisa Balseiro, Madrid, Siruela, 1985.

Cuentos completos, trad. Mauro Armiño, Madrid, Valdemar, 2007.

De profundis. Balada de la cárcel de Reading, trad. de Arturo Agüero Herranz, Madrid, Alianza, 2011.

El abanico de lady Windermere. La importancia de llamarse Ernest, ed. de Alberto Mira, Madrid, Cátedra, 2003.

El retrato de Dorian Gray, trad. de Mauro Armiño, Madrid, Austral, Espasa, 2000.

La importància de esser Fidel, trad. de Eduard Artells, Barcelona, Edicions Rosa dels Vents, 1938.

La importancia de llamarse Ernesto (siendo formal y moderadamente ambiguo), trad. Luis Antonio de Villena, Madrid, Visor, 1995.

La importancia de llamarse Ernesto, trad. de María Cóndor Orduña, Madrid, Editorial Susaeta, 2013.

La importància de ser Frank, trad. de Jaume Melendres, Barcelona, Institut del Teatre, 1998.

La importancia de ser hombre serio (comedia frívola para gente grave), trad. de Agustín Remón, Buenos Aires, La Escena, 1919.

Los procesos contra Oscar Wilde, trad. de Ulises Petit de Murat, Madrid, Valdemar, 1996.

Obras completas, trad. de Julio Gómez de la Serna, Madrid, Aguilar, 1967.

Obras completas, trad. de Ricardo Baeza, Madrid, Clásica española, 1917-1919.

Plays, Prose Writings and Poems, ed. Anthony Fothergill, Londres, Everyman, 1996.

Salomé, edición de bibliofilia con grabados originales de Celedonio Perellón. Trad. de Mauro Armiño, Pamplona, Liber, 2000.

Salomé, trad. de Mauro Armiño, ilustraciones de Aubrey Beardsley, Madrid, Alianza, 2013.

Teatro completo, edición de Mauro Armiño, Madrid, Valdemar, 2008.

Teleny, trad. M. Armiño, Madrid, Valdemar, 1997.

The Annotated Oscar Wilde: Poems, Fiction, Plays, Lectures, Essays and Letters, ed. H. Montgomery Hyde, Nueva York, Potter, 1982.

The Complete Letters of Oscar Wilde, ed. Merlin Holland, Londres, Fourth Estate, 2000.

The Complete Works of Oscar Wilde, ed. Merlin Holland, Londres, Collins, 1994.

The Complete Works of Oscar Wilde, ed. Vyvyan Holland, Collins, Londres, 1948.

The Definitive Four-Act Version of «The Importance of Being Earnest», ed. Ruth Berggren, Nueva York, Vanguard, 1987.

The Importance of Being Earnest and Other Plays, edición de Peter Raby, Oxford University Press, 1995.

The Importance of Being Earnest, ed. Russell Jackson, Londres, A&C Black, 1980.

The Selected Letters of Oscar Wilde, ed. Rupert Hart-Davis, Nueva York, Harcourt, Brace and World, 1979.

Obras de referencia

Bade, Patrice, *Femme Fatale Myth. Images of Evil and Fascinating Women,* Nueva York, Ash and Grant, 1979.

BECKSON, Karl, *The Oscar Wilde Enciclopedia,* Nueva York, AMS Press, 1998.

BLOOM, Harold, ed., *The Importance of Being Earnest. Modern Critical Interpretations,* Nueva York, Chelsea House Publishers, 1988.

Ciclo de conferencias en torno a Oscar Wilde, coordinado por Mauro Armiño y Andrés Peláez: Nuria Espert, Mario Gas y Terenci Moix: «En torno a Salomé»; Luis Antonio de Villena, «Wilde total»; Benito Navarrete Prieto, «Salomé, el concepto de la mujer fatal en la pintura española de fin de siglo»; Jesús Rubio Jiménez, «Oscar Wilde en España, en el cambio de siglo»; Andrés Peláez, «El teatro de Oscar Wilde en España, 1940-1990»; Mauro Armiño: «Un final para Oscar Wilde: proceso, balada y cárcel». Consejería de Educación, Comunidad de Madrid, 2001.

DOUGLAS, Alfred, *My Friendship with Oscar Wilde,* Nueva York, Coventry, 1932.

– *Oscar Wilde and Myself,* Londres, Long, 1914. [Trad. española de Cansinos Assens, *Oscar Wilde y yo,* Madrid, 1925].

– *Without Apology,* Londres, Richards, 1928.

ELLMANN, Richard, *Oscar Wilde,* Nueva York, Knopf, 1987. [Trad. española, *Oscar Wilde,* Barcelona, Edhasa, 1991].

FOLDY, Michael S., *The Trials of Oscar Wilde. Deviance, Morality and Late-Victorian Society,* New Haven, Yale University Press, 1997.

HARRIS, Frank, *The Life and Confessions of Oscar Wilde,* Nueva York, Duffield, 1924. [Trad. española de Ricardo Baeza, *Vida y confesiones de Oscar Wilde,* Barcelona, Laertes, 1988].

HOARE, Philip, *Oscar Wilde's Last Stand. Decadence, Conspiracy and the Most Outrageous Trial of the Century,* Nueva York, Arcade, 1997.

HOLLAND, Merlin, ed., *The Real Trial of Oscar Wilde,* Londres, Fourth Estate, 2003.

HOLLAND, Vyvyan, *Son of Oscar Wilde,* Londres, 1954; ed. revisada, Londres, Robinson Publishing, 1999.

– *Oscar Wilde and His World,* Londres, Thames and Hudson, 1966 (ed. revisada).

HYDE, H. Montgomery, *Oscar Wilde,* Nueva York, Farrar Strauss, 1976.

KOHL, Robert, *Oscar Wilde: The Works of a Conformist Rebel,* Cambridge University Press, 1989.

PARKER, David, «Oscar Wilde's Greatest Farce: *The Importance of Being Earnest,* en *Modern Language Quarterly* 35,1974.

PEARCE, Joseph, *The Unmasking of Oscar Wilde,* Londres, HarperCollins, 2000.

RABY, Peter, *The Cambridge Companion to Oscar Wilde,* Cambridge University Press, 1997.

RAMOS Gay, Ignacio, *La dramaturgia de Oscar Wilde, ejemplo paradigmático de la influencia y recepción del teatro francés en Gran Bretaña (1880-1895),* tesis doctoral, Universitat de València, 2004.

– *Oscar Wilde y el teatro de boulevard francés,* Universitat de València, 2007.

STRACHEY, Lytton, *Retratos en miniatura,* trad. de Dámaso López García, Madrid, Valdemar, 1997.

VILLENA, Luis Antonio de, *El charlatán crepuscular: Oscar y Bosie,* Barcelona, Planeta, 2000.

– *Wilde total,* Barcelona, Planeta, 2001.

ZAGONA, Helen Grace, *The Legend of Salome and the Principle of Art for Art's Sake,* Ginebra, Droz, 1960.

Cronología

1851 14 de noviembre: matrimonio de William Wilde y Jane Francesca Elgee; William, que ya tenía tres hijos de una relación anterior, es un médico prestigioso, especializado en enfermedades de ojos y oídos; en 1864 será nombrado caballero por la reina Victoria. Jane Francesca Elgee, de una familia de pastores protestantes, descendía por el lado materno del reverendo Charles Maturin, autor de *Melmoth, o el hombre errante;* desde 1845 escribía y publicaba poemas con el seudónimo de «Speranza», y participaba en el movimiento nacionalista de la «Joven Irlanda».

1854 16 de octubre: nacimiento en Dublín de Oscar Fingal O'Flaherty Wils Wilde. Es el segundo hijo del matrimonio; el primero, William Charles Kingsberry, había nacido en 1852.

1864 Tras estudios hechos en familia con una criada francesa y una aya alemana, los dos hermanos ingresan como internos en una prestigiosa escuela privada, Portora Royal School. Oscar obtendrá varios premios, sobre todo en latín y griego, que le permiten conseguir una beca y ser admitido en el Trinity College de Dublín más tarde. La muerte de Isola, su hermana menor nacida en 1857, afecta profundamente a Oscar.

1871-1874 Estudios en el Trinity College. Obtiene distintos premios, entre ellos, en 1874, la medalla de oro al mejor helenista. Lee a Baudelaire y asume en su apariencia exterior un esteticismo derivado del dandismo predicado por el poeta francés. Influencia, también decisiva, de *El Renacimiento,* de Walter Pater (1873). Obtiene una beca para seguir estudiando en Oxford; tras examinarse, viaja con su madre y su hermano a Londres y pasa luego por Ginebra y París.

1874 17 de octubre: inscripción de Oscar Wilde en la Universidad de Oxford, donde John Ruskin y Walter Pater son profesores de historia del arte. Asume la influencia de los prerrafaelistas, que marcan su esteticismo y lo orientan hacia la provocación.

1875 En febrero de 1875 se afilia a la logia masónica de la universidad; ese verano viaja a Italia. Atraído por el catolicismo, sufre una crisis religiosa que va unida a los primeros signos de una homosexualidad latente. Durante el verano conoce y corteja a Florence Balcombe, con la que se compromete; Florence, sin embargo, terminará casándose en diciembre de 1878 con Bram Stoker, más tarde autor de *Drácula*.

1876 Muerte de sir William Wilde en primavera; la herencia no es tanta como hijos y esposa habían previsto. Termina el curso con la calificación más alta. En septiembre aparece publicado su primer poema, «Graffiti de Italia», en el *Boston Pilot*.

1877 Viaja en primavera a Grecia; regresa pasando por Roma, donde encuentra a dos amigos convertidos al catolicismo: los tres son recibidos en audiencia privada por el papa Pío IX. El viaje le hace perder el curso y las autoridades académicas reducen su beca a la mitad durante seis meses. Pasa entonces por Londres, donde escribe su primer artículo de crítica de arte sobre el pintor Burne-Jones y ejerce de dandy en la vida artística londinense. Amistad personal con Walter Pater.

1878 Obtiene el premio Newgate de poesía con «Rávena» y concluye brillantemente su vida estudiantil en Oxford con el título de Bachelor of Arts.

1879 No consigue un puesto de profesor en el Magdalen College ni el cargo de inspector escolar; tras vender una parte de su herencia, se instala en Londres, cerca del Strand, compartiendo piso con su amigo el pintor Frank Miles; frecuenta los medios elegantes, intelectuales y teatrales; entre ellos, a la actriz, ya famosa, Ellen Terry, antigua amiga de Lewis Carroll. También conoce a Sarah Bernhardt, que presenta la *Phèdre* raciniana en Londres. Decide dedicarse al teatro y escribe *Vera, o los nihilistas,* tragedia más cercana a los movimientos socialistas de la época que a la estética predicada por su comportamiento social.

1880 Se instala, siempre con Frank Miles, en Tite Street, en el barrio de Chelsea; tiene por vecino al pintor Whistler, a quien le unirán lazos amistosos hasta su ruptura violenta de 1885, provocada por la agresividad del pintor. Se titula «profesor de estética y crítico de arte», profesión que le da cierto prestigio social y popularidad: lo demuestra la aparición de una primera caricatura en la revista *Punch* en octubre, firmada por George Du Maurier.

1881 Su vestimenta y sus frases ingeniosas lo convierten en el «esteta» londinense por excelencia; *Punch* sigue haciéndole blanco de sus pullas; en abril, Wilde y sus amigos son el objetivo de las burlas de una ópera cómica de Gilbert y Sullivan, *Patience,* un ataque contra el movimiento esteticista: el hecho no hace sino aumentar su popularidad; el propio productor de esa ópera le ofrece una gira de conferencias por Estados Unidos, donde aparece, al mismo tiempo que en Londres, su primer volumen de poemas; la crítica inglesa le acusa de plagio y la biblioteca universitaria de Oxford rechaza el libro basándose en la misma acusación y en la inmoralidad. En casa de unos amigos conoce a Constance Lloyd, que se convertirá en su esposa en 1884.

1882 El 2 de enero desembarca en Nueva York para una gira en la que lee sus poemas y da conferencias sobre el esteticismo, las tendencias del arte contemporáneo en Gran Bretaña y las artes decorativas; gran éxito como personaje curioso y digno de ser visto, que le permite conocer a poetas como Walt Whitman y Longfellow, y a novelistas como Henry James, cuya frialdad hacia Wilde compensa la calurosa acogida del primero. Regresa el 27 de diciembre a Gran Bretaña.

1883 Estancia de tres meses en París, donde entabla amistad con los grupos poéticos simbolistas y decadentes; conoce a la vieja generación: a un ya anciano Victor Hugo, que le decepciona; a Edmond de Goncourt, Daudet, Zola, Verlaine; a pintores como Degas, Camille y Lucien Pissarro, Jacques-Émile Blanche...; entabla amistad sobre todo con Paul Bourget, Pierre Louÿs y Marcel Schwob. Termina la redacción de la tragedia *La duquesa de Padua*. En agosto, viaja a Nueva York para asistir al estreno de *Vera, o los nihilistas,* interpretada por la prestigiosa actriz norteamericana Mary Anderson; sólo permanece ocho días en cartel. En noviembre, petición de mano de Constance Lloyd, quien declara sentirse «total y locamente feliz» en una carta a su hermano.

1884 Boda de Oscar Wilde y Constance Lloyd el 29 de mayo de 1884: la novia lleva un vestido diseñado por el novio. Viaje de bodas a París, en un momento en que causa escándalo el manifiesto del decadentismo: la novela *À Rebours,* de Huysmans. A su vuelta a Londres, el matrimonio se instala en Tite Street, 16, cerca del anterior domicilio que Wilde compartía con Miles; dispendiosas obras de reforma y decoración no le permitirán ocuparlo hasta enero del ano siguiente.

1885 Sigue dando conferencias sobre el arte decorativo y empieza a publicar críticas de exposiciones en un periódico importante, *The Pall Mall Gazette;* colabora también en la *Dramatic Review*. Nacimiento el 5 de junio de su primer hijo, Cyril; apuros financieros. Durante una visita a Cambridge, cuenta oralmente lo que será su relato *El príncipe feliz,* pensando en «un país donde todo es perfecto y venenoso».

1886 Fascinado por los medios homosexuales, Wilde entabla relaciones amorosas con Robert Ross, joven de diecisiete años, que terminará siendo su amigo fiel hasta el final y su ejecutor testamentario. En noviembre nace su segundo hijo, Vyvyan. Mientras Constance se lanza a la militancia política, Wilde se siente atraído por el socialismo, milita en favor de la autonomía irlandesa y asiste al lado del dramaturgo y también irlandés Bernard Shaw a reuniones de la Sociedad Fabiana; Shaw lanza peticiones en favor de los motines anarquistas de Chicago, que Wilde firma. Se convierte en crítico literario de la *Pall Mall Gazette,* donde firmará casi un centenar de artículos entre 1886 y 1888.

1887 Jefe de redacción, hasta mediados de 1889, de la revista para damas *The Lady's World,* cuyo título cambió enseguida por *The Woman's World*. Empieza a publicar cuentos en revistas.

1888 En mayo aparece su libro *El príncipe feliz y otros cuentos,* que le da gran prestigio, hasta el punto de ser comparado con Andersen. Conoce al poeta, también irlandés, Williams Butler Yeats.

1889 En la revista *Nineteenth Century* aparecen tres ensayos: «La pluma, el lápiz, el veneno», donde rechaza la moralidad en el arte; «La decadencia de la mentira», donde ataca al culto a la Naturaleza oponiéndolo al Arte, «que nunca expresa nada más que él mismo»; y «El retrato de Mr. W. H.», escrito en forma de cuento, donde, a través del dedicatario de los *Sonetos* de Shakespeare, analiza la relación entre verdad y mentira y hace una defensa de la homosexualidad. «Por primera vez dio a sus enemigos el arma misma que buscaban» (Frank Harris). Durante el verano conoce a un joven poeta, John Gray, que pronto firmará sus cartas como «Dorian»; será su amante favorito hasta 1892.

1890 En julio aparece en la revista norteamericana *Lippincott's Monthly Magazine,* del editor J. M. Stoddard, la primera versión de *El retrato de Dorian Gray,* retrato-autorretrato y expresión de sus ideas estéticas; ataques furibundos contra Wilde, a quien se acusa de «hozar en muladares». «Es un relato engendrado por la literatura leprosa de los decadentes franceses, un libro venenoso cuya atmósfera exhala los olores mefíticos de la podredumbre moral y espiritual, un estudio complaciente de la corrupción mental y física de un joven lleno de frescura, de belleza y de esplendor que, de no ser por su frivolidad afeminada, habría podido ser horrible y fascinante» *(The Daily Chronicle,* 30 de junio de 1890). En agosto aparece la primera versión de *El crítico como artista,* que confirma el trabajo del crítico como «una creación en una creación».

1891 Wilde responde a los ataques virulentos y moralistas de la prensa contra *Dorian Gray,* novela a la que añade una serie de aforismos como prefacio a la edición inglesa, que aparece en abril. Gran éxito por un lado, y fuertes ataques moralistas por otro: uno de los distribuidores se niega a venderla por obscena. Frank Harris, que acababa de publicarle *El alma del hombre bajo el socialismo* en su revista *The Fortnightly Review,* ve en él al «jefe de fila» de toda una generación inglesa, respaldado por Walter Pater y la mayoría de las revistas serias. En junio, uno de sus amigos de Oxford le presenta a su primo, Alfred Douglas, de veintiún años, a quien Wilde regala un ejemplar de lujo de *Dorian Gray.* En julio aparecen tres libros de Wilde: dos recopilaciones de cuentos, *El crimen de Lord Arthur Savile y otras historias* y *Una casa de granadas,* a las que se suma *Intenciones*, que recoge cuatro ensayos críticos.

Durante el verano escribe su primera comedia, *El abanico de Lady Windermere,* estrenada a principios de 1893.

En otoño pasa dos meses en París; conoce a Mallarmé, que había elogiado *Dorian Gray,* y acude a sus «martes», que reunían a varios escritores. Traba conocimiento con Pierre Louÿs, a quien dedicará *Salomé,* obra que empieza a escribir en francés en ese momento, y con Marcel Schwob, Jean Moréas, André Gide y Marcel Proust.

1892 Estreno el 20 de febrero de *El abanico de Lady Windermere,* con éxito de público y división de la crítica. *Salomé,* acabada en enero, y cuyo estreno londinense iba a protagonizar Sarah Bernhardt, es prohibida; se permite, sin embargo, su publicación. Tras anunciar que se naturalizará ciudadano francés debido a la censura existente en Inglaterra, en julio parte para una cura de aguas en Homburg (Alemania) en compañía de Alfred Douglas (al que llama con el apelativo cariñoso de Bosie), con quien ha intensificado su relación amorosa desde primavera. A finales de verano empieza a escribir *Una mujer sin importancia,* cuyo estreno está previsto para enero del año siguiente.

1893 Publicación de *El abanico de Lady Windermere,* y en febrero, en París y Londres, de *Salomé.* Elogios de Mallarmé, Maeterlinck, Pierre Loti y otros escritores franceses. En abril estrena en el Royal Theatre, en Haymarket, *Una mujer sin importancia,* con gran éxito de público. A comienzos del verano Wilde lee el manuscrito de *The Green Carnation (El clavel verde),* novela de Robert Hichens que aparecerá anónima antes de acabar el año; es una parodia y una caricatura, aunque termina pareciéndose más a un documental porque los dos protagonistas eran fácilmente identificables: Wilde y Bosie. Wilde protesta ante varios periódicos que le atribuyen la autoría del libro.

Wilde y Alfred Douglas viven juntos en el hotel Savoy durante todo el año; Douglas se aprovecha, cuando no le chantajea, igual que algunos de sus amigos que practican la prostitución homosexual, de la generosidad de Wilde.

A petición de Wilde, Douglas traduce *Salomé* al inglés; el resultado, poco satisfactorio, provocará violentas disputas entre ellos. Lord Queensberry, padre de Douglas, exige a su hijo que rompa de manera definitiva con Wilde; Douglas se ve comprometido en un asunto con un menor, hecho que aumenta las tensiones de su relación con Wilde, quien, de acuerdo con la madre de Bosie, consigue que sea adscrito a la embajada británica de El Cairo.

1894 Sin Douglas a su lado, Wilde escribe, una tras otra, cuatro obras de teatro; en primer lugar, remata *Un marido ideal;* luego inicia *Una tragedia florentina* y *La sainte courtisane.* Aparece la versión inglesa de *Salomé,* muy revisada, con ilustraciones de Aubrey Beardsley y sin el nombre de Douglas, cuyos telegramas Wilde rechaza, anunciando su negativa a volver a verlo. Pasa el verano con su familia, en la estación balnearia de Worthing, donde escribe *La importancia de llamarse Ernesto,* cuyos ensayos comenzarán en diciembre. Acaba de publicar su poema *La esfinge,* y Constance prepara una antología de aforismos de su marido, que aparecerá al año siguiente.

Ante los rechazos de Wilde, Douglas lo amenaza desde París con suicidarse si no acepta reanudar sus relaciones; en abril ambos son vistos por Queensberry en un café de Londres, dando lugar a nuevas escenas violentas entre padre e hijo. Douglas viaja a Florencia, donde Wilde se reúne quince días más tarde con él. La lectura de *El clavel verde* enfurece a Queensberry –su hijo mayor, comprometido en una relación homosexual con un ministro, acaba de suicidarse–, que va a casa de Wilde para insultarle y amenazarle con armar un escándalo en el estreno de *La importancia de llamarse Ernesto.* Nuevas peleas con Bosie en Brighton están a punto de romper definitivamente la pareja, pero Wilde cede nuevamente a los ruegos de su amigo. A finales de año, cae en manos de Queensberry una revista estudiantil, *The Chameleon,* donde aparecen las *Fórmulas y máximas para uso de los jóvenes,* de Wilde, un poema de Douglas y un cuento anónimo, «El sacerdote y el acólito», que el padre de Douglas adjudica erróneamente a Wilde.

1895 3 de enero: estreno de *Un marido ideal* con asistencia del príncipe de Gales, Chamberlain y varios ministros del gobierno. El éxito de la obra no le impide irse de viaje, el 17 de ese mes, durante dos semanas, con Douglas, a Argelia, donde encuentran a André Gide; el escritor francés le advierte de los peligros de un regreso a Londres. Asiste a los últimos ensayos de *La importancia de llamarse Ernesto,* que se estrena el 14 de febrero en el teatro St. James: éxito triunfal y aceptación entusiasta de la mayor parte de la crítica. Se ha tenido cuidado de impedir, con apoyo policial, la entrada de Queensberry. Cuatro días más tarde, el padre de Douglas deja una nota insultante dirigida a «Oscar Wilde, que alardea de sodomita» en el club frecuentado por el autor. Pese a los consejos de los amigos, Wilde se deja arrastrar por la insistente presión y el chantaje de Douglas, que quiere vengarse de su padre, y denuncia a lord Queensberry por difamación. Mientras llega el juicio, fijado para el 3 de abril, Wilde y Douglas se van a Montecarlo; sin hacer caso a nuevos consejos de amigos, Wilde sigue adelante con el proceso, del que Queensberry saldrá libre de la acusación de difamación; la defensa del marqués, además de presentar como testigos a varios jóvenes prostitutos durante el juicio, exige del ministerio fiscal que persiga a Wilde por homosexualidad, considerada delito por las leyes de la época; detenido esa misma noche, Wilde sufrirá tres procesos; mientras tanto, sus bienes se venden en pública subasta el 24 de abril para pagar a sus acreedores y los gastos del proceso perdido. Las tres obras que en ese momento estaban obteniendo un gran éxito en la cartelera londinense han sido retiradas de la cartelera el 6 de abril.

Durante el segundo de los procesos, el jurado se declara incapaz de emitir un veredicto común, y el 7 de mayo Wilde es puesto en libertad, en espera de un tercer proceso, que el 25 de mayo lo declara culpable de «actos indecentes»; se le aplica la pena máxima: dos años de trabajos forzados; encarcelado primero en Pentonville y Wandsworth, en noviembre se le traslada a la cárcel de Reading, con el número C.3.3 de matrícula de presidiario.

Además, a instigación de Queensberry, se le condena por bancarrota, impidiéndole así cobrar sus derechos de autor; la condena infama a su familia, y su esposa se instala en Suiza con otro apellido, Holland, aunque le visitará en dos ocasiones; pese a la situación, Constance acepta no pedir el divorcio y concederle 150 libras esterlinas por año a condición de que lleve una vida sin escándalos. Los amigos de Wilde tratan de recuperar libros y manuscritos, y logran impedir que Douglas –quien por prudencia se había instalado en Francia– edite las cartas íntimas que Wilde le ha dirigido.

Antes de ser trasladado a la cárcel de Reading, el 21 de noviembre de 1895, Wilde es dispensado de los trabajos forzados dado su estado de salud.

1896 Muerte, el 3 de febrero, de la madre de Wilde. Ocho días más tarde el director francés Lugné-Poe estrena en el Théâtre de l'Œuvre de París, *Salomé,* sustituyendo el Paje por una actriz para evitar acusaciones de inmoralidad; Toulouse-Lautrec se encarga del programa y del célebre retrato de Wilde con el Big-Ben al fondo. Visita de Constance (19 de febrero) en que le anuncia la muerte de su madre. El 7 de julio, se ejecuta en Reading a uno de los presos: Wilde queda impresionado y abrumado; el suceso dará origen a su poema más célebre, *La balada de la cárcel de Reading.* Un nuevo alcaide le permite leer y escribir –a partir de julio–, y mejora sus condiciones de encarcelamiento.

1897 De enero a marzo de 1897 escribe una larga carta, titulada por su amigo Robert Ross como *De profundis,* dirigida a Douglas, que no le ha escrito ni le ha visitado en prisión. El 19 de mayo, Wilde recobra la libertad y se instala en Normandía, en Berneval, con el seudónimo de Sebastian Melmoth, nombre del protagonista de la novela *Melmoth the Wanderer (Melmoth, el errante),* de su tío abuelo Charles-Robert Maturin; ahí recibe la visita de varios amigos, entre ellos Gide. En julio empieza a escribir *La balada de la cárcel de Reading;* pese a su decisión de no volver a ver a Douglas, el 24 de agosto lo cita en Ruán, y juntos viajan a Nápoles, instalándose en Villa Giudice. Constance, a quien Wilde había pedido ver a sus hijos, le conmina a dejar a Douglas e interrumpe el pago de la pensión; por otro lado, lady Queensberry amenaza a su hijo con dejar de pasarle dinero si no abandona al poeta. En diciembre ambos se ven obligados a separarse.

1898 En febrero, mientras Wilde sigue en Nápoles, aparece en Londres *La balada de la cárcel de Reading,* firmada por la matrícula de preso de Wilde: C.3.3. Considerado como un suceso de gran envergadura literaria, en el año se publican siete ediciones. En abril muere en Ginebra Constance, que ha devuelto su pensión al poeta. Wilde, que no asiste a los funerales, viaja con Harris hasta Ginebra y descubre que en la lápida no se menciona su apellido.

1899-1900 Se instala en París, en un hotel miserable, el Alsace, en la calle des Beaux-Arts, donde malvive de la pensión que le ha dejado su esposa y de los préstamos que saca a sus amigos; bebe mucho, sobre todo ajenjo, y se encuentra esporádicamente con Douglas, que trata de reconciliarse con su padre; a la muerte de éste, en enero de 1900, Douglas heredará una colosal fortuna, pero no envía nada a Wilde. En abril de 1900, Wilde viaja a Italia, visita el Vaticano y en Pascua recibe seis veces la bendición papal. De vuelta en París, en septiembre tiene que guardar cama aquejado de una dolorosa otitis que pronto se transforma en meningitis, con episodios de delirio. A su llamada acude el 29 de septiembre su viejo amigo Robert Ross; éste, católico, llamará a la cabecera de Wilde a un sacerdote irlandés, que lo bautiza *sub conditione* antes de morir, el 30 de noviembre.

Es enterrado en el cementerio de Bagneux el 3 de diciembre: Douglas, que ha llegado en el último momento, preside el cortejo funeral, junto con Robert Ross y unos pocos amigos; en total 13 personas: Ernest La Jeunesse, el traductor Jean Joseph-Renaud, Pierre Louÿs, el poeta Paul Fort, Stuart Merril... Sobre su tumba, un versículo del libro de Job (39, 22): «Cuando yo había hablado, nadie replicaba, y sobre ellos, gota a gota, caían mis palabras».

1905 Robert Ross, ejecutor testamentario de Wilde, publica con el título *De profundis* la carta escrita a Douglas desde la cárcel de Reading, en una versión muy expurgada. El 9 de diciembre, en la Ópera Real de Dresde se estrena la ópera de Richard Strauss *Salomé,* basada en la obra de Wilde; recibida con entusiasmo por el público, fue tachada de inmoral por la crítica.

1908-1909 Primera edición de las *Complete Works* de Wilde, en 14 volúmenes, preparada por Robert Ross. En 1909, los restos de Wilde son trasladados al cementerio del Père-Lachaise, a una tumba cuyo monumento funerario fue encargado a Jacob Epstein: el escultor representó un ángel-demonio volando, una especie de esfinge dotada de órganos viriles que fueron tapados por orden del director del cementerio; pese a las protestas del escultor y de un grupo de artistas y poetas, la «hoja de parra» no fue retirada hasta la declaración de guerra en agosto de 1914. En esa tumba serían enterradas en 1950 las cenizas de Robert Ross, muerto en 1914, que lo había estipulado en sus últimas voluntades.

La importancia de llamarse Ernesto

Comedia frívola para gente seria

A Robert Baldwin Ross[1]*,*
como muestra de aprecio,
como muestra de afecto.

1. Robert Baldwin Ross (1869-1918), amigo de Wilde en todo momento, se encargó de publicar la primera edición de sus *Obras* en 1908.

Personajes

JOHN WORTHING, juez de paz[2]

ALGERNON MONTCRIEFF[3]

REV. CANON CHASUBLE, doctor en teología[4]

MR. GRIBSBY, abogado[5]

MERRIMAN, mayordomo

LANE, criado[6]

2. Wilde elige este apellido siguiendo su costumbre de utilizar nombres geográficos: Worthing es una estación balnearia en Sussex donde pasó una temporada cuando escribía esta obra. El título de Worthing, juez de paz en sus propiedades, carece de importancia dramática en la trama, salvo la ironía de que personaje tan serio y encargado del orden lleve una doble vida.
3. En una primera versión se llamaba Lord Alfred Rufford, pero su parecido con el nombre de Lord Alfred Douglas llevó a Wilde a sustituirlo por Algernon, nombre de uno de sus poetas preferidos en su juventud, Algernon Swinburne.
4. Siguiendo una vieja tradición teatral que procede de la *commedia dell'arte* y de Molière, Wilde da a este personaje un apellido que corresponde a una característica de su oficio: Chasuble = Casulla.
5. Nombre sacado de una caricatura de George Du Maurier, de la revista *Punch,* en la que Wilde figuraba entre los blancos predilectos de las burlas periodísticas.
6. Apellido de uno de sus editores de Bodley Head: John Lane, con quien Wilde había mantenido tormentosas relaciones; en la primera versión aparecía el apellido de otro editor de la misma casa, Elkin Mathews.

MOULTON, jardinero

LADY BRACKNELL[7]

HON. GWENDOLEN FAIRFAX[8]

CECIL CARDEW[9]

MISS PRISM, institutriz[10]

7. Era una estación balnearia de Sussex la que daba su apellido inicial a este personaje, Lancing. Bracknell era el lugar donde vivía la madre de Alfred Douglas.

8. Gwendolen lleva en el reparto el título de honorable (Hon.), que se empleaba para hijas de barones o vizcondes.

9. Los Cardew eran una familia de amigos a los que Wilde prometió dar el nombre de su hija Cecily en una obra; Cecily Cardew había nacido en 1893. Por otra parte, Cecily –pronunciado «Cicily» en la época victoriana– se utilizaba en argot para designar a los chaperos jóvenes.

10. Prism («prisma») lleva un apellido pertinente para su carácter como personaje, y para la precisión casi geométrica que utiliza en su lenguaje; por otra parte, la expresión «Miss prunes and prism» significa: «persona muy afectada».

Acto primero

ESCENA: *Saloncito del apartamento de* ALGERNON *en Half Moon Street*[1]*, en el West de Londres.*
ÉPOCA: *Actual. Habitación lujosamente amueblada y con buen gusto. Se oyen las notas del piano en la habitación contigua.*

LANE *dispone sobre la mesa el té de la tarde, y cuando la música cesa entra* ALGERNON.

ALGERNON
¿Has oído lo que estaba tocando, Lane?

LANE
No me había parecido de buena educación escuchar, señor.

1. Half Moon Street es una calle del Londres elegante, cerca de St. James's Street, en la zona residencial de Mayfair, en pleno West End. Era uno de los ángulos del marco señorial que forma junto con Piccadilly, Park Lane y Curzon Street.

ALGERNON

Lo lamento por ti. No es que toque con precisión –eso puede hacerlo cualquiera–, pero toco con una expresividad maravillosa. Cuando toco el piano, el sentimiento es mi fuerte. La ciencia la reservo para la Vida.

LANE

Sí, señor.

ALGERNON

Y, hablando de la ciencia de la vida, ¿has preparado los canapés de pepino para Lady Bracknell?

LANE

Sí, señor.

ALGERNON

¡Hum! ¿Y dónde están?

LANE

Aquí los tiene, señor.

Le muestra la bandeja. ALGERNON *los examina, coge dos y se sienta en el sofá*

¡Oh!..., a propósito, Lane, he visto en tu libro de cuentas que el jueves por la noche, cuando Lord Shoreman y Mr. Worthing vinieron a cenar conmigo, se consumieron ocho botellas de champán.

LANE
Sí, señor, ocho botellas y una pinta[2].

ALGERNON
¿Por qué será que en las casas de los solteros son los criados los que invariablemente se beben el champán? Lo pregunto por simple curiosidad.

LANE
Yo lo atribuyo, señor, a la superior calidad del vino. A menudo he observado que en las casas de los casados es raro que el champán sea de primera calidad.

ALGERNON
¡Santo cielo! ¿Tan desmoralizador es el matrimonio?

LANE
Creo que de hecho *es* un estado muy agradable, señor. Hasta ahora mi experiencia personal sobre el asunto es muy pequeña. Solo he estado casado una vez. Fue a consecuencia de un malentendido[3] entre una joven y yo.

ALGERNON, *con indiferencia*
No sé si estoy muy interesado en tu vida familiar, Lane.

LANE
No, señor; no es un tema muy interesante. Ni siquiera yo pienso nunca en él.

2. La pinta es una medida de capacidad para líquidos o para áridos, cuya capacidad varía; su equivalencia ronda el medio litro para líquidos.
3. Término que indica más bien un «desliz», es decir, el nacimiento de un hijo ilegítimo.

ALGERNON
Muy natural, estoy seguro. Puedes retirarte, Lane, gracias.

LANE
Gracias a usted, señor.

LANE *empieza a irse.*

ALGERNON
¡Ah!..., dame solo otro canapé de pepino.

LANE
Sí, señor.

Vuelve y le tiende la bandeja. LANE *sale.*

ALGERNON
Las ideas de Lane sobre el matrimonio parecen un tanto laxas. Realmente, si las clases inferiores no nos dan buen ejemplo, ¿para qué diablos sirven? Tengo la sensación de que, como clase, no tienen el menor sentido de su responsabilidad moral.

Entra LANE.

LANE
Mr. Ernest Worthing.

Entra JACK. LANE *sale.*

ALGERNON

¿Cómo estás, mi querido Ernest? ¿Qué te trae a la ciudad?

JACK

¡Oh, el placer, solo el placer! ¿Qué otra cosa haría moverse a la gente? Ya veo que tú, Algy, comiendo, ¡como de costumbre!

ALGERNON, *fríamente*

Creo que es costumbre entre la buena sociedad tomar una ligera colación a las cinco. ¿Dónde estuviste desde el pasado jueves?

JACK, *sentándose en el sofá*

¡Oh!, en el campo.

ALGERNON

¿Y qué diablos se te ha perdido allí?

JACK, *quitándose los guantes*

Cuando uno está en la ciudad es para divertirse. Cuando estás en el campo, diviertes a los demás. Es demasiado aburrido.

ALGERNON

¿Y qué gente es esa a la que diviertes?

JACK, *con aire desenvuelto*

¡Oh!, vecinos, vecinos.

ALGERNON

¿Y tienes vecinos agradables en tu rincón del Shropshire[4]?

JACK

Totalmente atroces. Nunca les dirijo la palabra.

ALGERNON

¡Cuánto debes divertirlos! *(Se levanta y coge un canapé).* A propósito, es en Shropshire donde tienes tu casa de campo, ¿verdad?

JACK

¿Eh? ¿Shropshire? Sí, por supuesto. Oye, ¿por qué todas estas tazas? ¿Por qué canapés de pepino? ¿Por qué tan insensata extravagancia en un hombre tan joven? ¿Quién va a venir a tomar el té?

ALGERNON

¡Oh!, solo tía Augusta y Gwendolen.

JACK

¡Absolutamente delicioso!

ALGERNON

Sí, todo eso está muy bien; pero me temo que tía Augusta no apruebe demasiado tu presencia aquí.

4. La región de Shropshire se encuentra en los Midlands, lugar de residencia imposible, desde la perspectiva de Algernon, para un personaje moderno y urbano como Jack.

JACK

¿Puedo preguntar por qué?

ALGERNON

Mi querido amigo, la forma que tienes de coquetear con Gwendolen es absolutamente vergonzosa. Casi tan intolerable como la forma que tiene Gwendolen de coquetear contigo.

JACK

Estoy enamorado de Gwendolen. He venido expresamente a la ciudad para declararme.

ALGERNON

Creía que habías venido por placer... Yo a eso lo llamo negocios.

JACK

¡Qué poco romántico eres!

ALGERNON

Realmente no veo que haya nada romántico en una petición de mano. Estar enamorado es muy romántico. Pero no hay nada romántico en una declaración oficial. Después de todo, siempre pueden decirte que sí. Es lo que suele ocurrir, según creo. Y entonces, toda la excitación se disipa. La verdadera esencia de una historia de amor es la incertidumbre. Si alguna vez me caso, estoy seguro de que haré todo lo posible por olvidarlo.

JACK

De eso no tengo la menor duda, querido Algy. El Tribunal de Divorcios se inventó especialmente para gente que tiene una memoria constituida de una forma un tanto extraña.

ALGERNON

¡Oh!, es inútil hacer especulaciones sobre ese tema. Es en el cielo donde se hacen los divorcios. (JACK *adelanta la mano para coger un canapé.* ALGERNON *se lo impide inmediatamente*). Por favor, no toques los canapés de pepino. Los he encargado especialmente para tía Augusta.

Coge uno y se lo come.

JACK

Pero si tú no has parado de comerlos todo el tiempo.

ALGERNON

Mi caso es muy distinto. Ella es mi tía. *(Coge un plato de debajo).* Coge pan y mantequilla. El pan y la mantequilla son para Gwendolen. Gwendolen adora el pan con mantequilla.

JACK, *acercándose a la mesa y sirviéndose*

Y muy buen pan con mantequilla, por cierto.

ALGERNON

Bien, querido, pero no necesitas comer como si fueras a comértelo todo. Te comportas como si ya estuvieras casado con ella. Todavía no eres su marido, y no creo que lo seas nunca.

JACK
¿Por qué diablos dices eso?

ALGERNON
Bueno, en primer lugar las chicas no se casan nunca con los hombres con los que coquetean. No les parece decente.

JACK
¡Oh!, vaya tontería.

ALGERNON
No lo es. Es una gran verdad. Eso explica el considerable número de solteros que se ven por todas partes. En segundo lugar, yo no doy mi consentimiento.

JACK
¡Tu consentimiento! Realmente no dices más que sandeces.

ALGERNON
Mi querido amigo, Gwendolen es prima hermana mía. Y antes de permitir que te cases con ella, tendrás que aclarar toda esa historia de Cecily.

JACK
Cecily. ¿Qué diablos quieres decir? (ALGERNON *va hasta el timbre y llama. Luego vuelve a la mesita de té y come otro canapé*). ¿Qué quieres decir, Algy, con eso de Cecily? No conozco a nadie que se llame Cecily... que yo recuerde.

Entra LANE.

ALGERNON

Tráeme la pitillera[5] que se dejó Mr. Worthing en el salón de fumar la última vez que cenó aquí.

LANE

Sí, señor.

LANE *sale.*

JACK

¿Quieres decir que has tenido mi pitillera todo este tiempo? Te habría agradecido mucho que me lo hubieras hecho saber. He estado escribiendo cartas frenéticas a Scotland Yard[6] sobre este asunto. Casi estaba a punto de ofrecer una fuerte recompensa.

ALGERNON

Bueno, me encantaría que la ofrecieses. En este momento estoy sin blanca, más que de costumbre.

JACK

No tiene sentido ofrecer una fuerte recompensa ahora que la he encontrado.

5. A lo largo de la obra Wilde hace exhibición de alimentos y de accesorios; no solo se come mucho (aquí y al final del tercer acto), sino que los personajes utilizan objetos que, además de estar socialmente marcados para una clase, se implican en la intriga haciéndola avanzar, como ocurre también en otras obras; en esta, la pitillera; en *El abanico de Lady Windermere* el complemento que aparece en el título; en *Un marido ideal* un brazalete... La pitillera era el regalo tradicional de la aristocracia a los jóvenes de bajos fondos que les prestaban servicios sexuales; Wilde solía regalarlas a sus amantes de paso.
6. Sede de la policía en Londres.

Entra LANE *con la pitillera sobre una bandeja.* ALGERNON *la coge enseguida.* LANE *sale.*

ALGERNON

Debo decirte, Ernest, que me parece bastante mezquino de tu parte. *(Abre la pitillera y la examina).* Pero ya no tiene importancia, porque, ahora que veo la inscripción que lleva dentro, me doy cuenta de que, después de todo, no es tuya.

JACK

Claro que es mía. *(Avanzando hacia él).* Me la has visto en las manos un centenar de veces, y no tienes ningún derecho a leer lo que hay escrito dentro. Es indigno de un caballero leer lo que hay escrito en la pitillera de otro.

ALGERNON

¡Oh!, es absurdo tener principios tan rigurosos sobre lo que se debe y no se debe leer. Habría que leer todo. Más de la mitad de la cultura moderna depende de lo que no se debería leer.

JACK

Estoy completamente de acuerdo, pero no tengo ninguna intención de discutir sobre la cultura moderna. No es de esa clase de cosas de lo que debería hablarse en privado. Solo quiero recuperar mi pitillera.

ALGERNON

Sí, pero no es tu pitillera. Esta pitillera es un regalo de alguien que se llama Cecily, y tú has dicho que no conoces a nadie con ese nombre.

JACK

Bien, ya que quieres saberlo, resulta que Cecily es mi tía.

ALGERNON

¡Tu tía!

JACK

Sí. Que además es una viejecita encantadora. Vive en Tunbridge Wells[7]. Devuélvemela, Algy.

ALGERNON , *refugiándose tras el respaldo del sofá*

Pero, entonces, ¿por qué se llama a sí misma pequeña Cecily si es tu tía y vive en Tunbridge Wells? *(Leyendo).* «De la pequeña Cecily con el amor más sincero».

JACK, *avanzando hacia el sofá y arrodillándose encima*

Mi querido amigo, ¿qué diablos tiene eso de particular? Hay tías que son altas y otras que no lo son. Ese es un asunto, creo yo, en el que cada tía debe decidir por sí misma. Pareces creer que todas las tías deberían ser exactamente igual que la tuya. ¡Es absurdo! En nombre del cielo, devuélveme mi pitillera.

Persigue a ALGERNON *por toda la habitación.*

ALGERNON

Sí. Pero ¿por qué tu tía te llama tío suyo? «De la pequeña Cecily, con el amor más sincero a su querido tío Jack».

7. Situada en el condado de Kent, en el sur de Inglaterra, Tunbridge Wells sigue siendo una elegante estación balnearia de moda entre la aristocracia desde el siglo XVII.

No tengo nada que oponer, lo admito, a que una tía sea una tía bajita, pero que una tía, dejando a un lado su tamaño, llame tío a su propio sobrino, es lo que no puedo explicarme. Sobre todo cuando tu nombre no es Jack, sino Ernest.

JACK

No es Ernest; es Jack.

ALGERNON

Siempre me has dicho que era Ernest. Te he presentado a todo el mundo como Ernest. Respondes al nombre de Ernest. Tienes cara de llamarte Ernest. Eres la persona con más cara de llamarse Ernest que he visto en mi vida[8]. Es perfectamente absurdo que digas que tu nombre no es Ernest. Figura en tus tarjetas. Aquí hay una. *(La saca de la pitillera).* «Mr. Ernest Worthing, B 4, The Albany, W.»[9]. La conservaré como prueba de que tu nombre es Ernest en caso de que trates de negarlo delante de mí, o de Gwendolen, o de quien sea.

Se guarda la tarjeta en su bolsillo.

8. *Earnest-looking person:* «Eres la persona con aspecto más formal y serio que he visto en mi vida».
9. Palacete situado en Piccadilly; propiedad del duque de Cork y de Albany, en 1802 fue dividido en apartamentos amueblados que, a finales del siglo, ocupaban solteros con fortuna. En la primera versión, el apartamento de Jack era el E 4, donde vivía uno de los amigos de Wilde, George Yves. Para evitar malentendidos lo corrigió en B 4, desocupado en ese momento.

JACK

Bien, mi nombre es Ernest en la ciudad y Jack en el campo, y esa pitillera me la regalaron en el campo.

ALGERNON

Sin duda, pero eso no explica que tu pequeña tía Cecily, que vive en Tunbridge Wells, te llame su querido tío. Vamos, viejo amigo, harías mejor soltándolo todo de una vez.

JACK

Mi querido Algy, hablas exactamente igual que si fueras dentista. Es muy vulgar hablar como un dentista cuando uno no es un dentista. Produce una falsa impresión.

ALGERNON

Bueno, eso es precisamente lo que siempre hacen los dentistas. Y ahora, ¡venga! Cuéntamelo todo. Permíteme decirte que siempre he sospechado que eras un secreto y consumado bunburista[10]. Y ahora ya no me queda la menor duda.

JACK

¿Un bunburista? ¿Qué diablos quieres decir con bunburista?

ALGERNON

Te revelaré el significado de esa incomparable palabra en cuanto tengas la bondad de explicarme por qué eres Ernest en la ciudad y Jack en el campo.

10. Este nombre era el de un amigo irlandés de Wilde: Henry S. Bunbury, a quien había conocido durante sus estudios en el Trinity College de Dublín.

JACK

De acuerdo, pero antes devuélveme mi pitillera.

ALGERNON

Aquí la tienes. *(Le tiende la pitillera).* Ahora, dame tu explicación y, por favor, procura que sea improbable.

Se sienta en el sofá.

JACK

Mi querido amigo, no hay absolutamente nada improbable en mi explicación. De hecho, es de lo más vulgar. El viejo Mr. Thomas Cardew, que me adoptó cuando yo era un niño en circunstancias bastante peculiares, y que me legó todo el dinero que poseo, me nombró en su testamento tutor de su nieta, Miss Cecily Cardew. Cecily, que, por motivos de respeto que tú probablemente serías incapaz de apreciar, me llama tío, vive en mi casa de campo al cuidado de su admirable institutriz, Miss Prism.

ALGERNON

A propósito, ¿dónde está tu casa de campo?

JACK

Eso no te incumbe, querido. No pienso invitarte nunca... Pero puedo decirte con toda franqueza que no está en el Shropshire.

ALGERNON

¡Ya lo sospechaba, mi querido amigo! He bunburizado en todo el Shropshire en dos ocasiones distintas. Pero sigue. ¿Por qué eres Ernest en la ciudad y Jack en el campo?

JACK

Mi querido Algy, no sé si serás capaz de comprender mis verdaderos motivos. Quizá no seas lo bastante serio. Cuando uno tiene que ejercer la función de tutor, debe adoptar los principios de la más alta moralidad en todos los temas. Es un deber hacerlo así. Y como no puede decirse que esos principios de alta moralidad contribuyan a nuestra salud o a nuestra felicidad si se aplican con rigor, cuando quiero venir a la ciudad siempre he pretendido tener un hermano menor llamado Ernest, que vive en Albany, y que siempre anda metido en los líos más espantosos. Esa es, mi querido Algy, toda la pura y simple verdad.

ALGERNON

La verdad rara vez es pura y nunca es simple. Si no, la vida moderna sería muy aburrida, ¡y la literatura moderna completamente imposible!

JACK

Eso no estaría del todo mal.

ALGERNON

La crítica literaria no es tu fuerte, mi querido amigo. No lo intentes. Deberías dejársela a los que no han ido a la universidad. La hacen tan bien en los periódicos. Lo que tú eres en realidad es un bunburista. Tenía toda la razón al decir que eres un bunburista. Eres uno de los bunburistas más consumados que conozco.

JACK
¿Qué diablos quieres decir?

ALGERNON
Te has inventado un hermano menor muy útil llamado Ernest, para así poder venir a la ciudad siempre que quieras. Yo me he inventado un inestimable enfermo crónico llamado Bunbury para poder irme al campo siempre que me apetece.

JACK
¡Bobadas!

ALGERNON
En absoluto. Bunbury es perfectamente inestimable. De no ser por la extraordinaria mala salud de Bunbury, por ejemplo, no me habría sido posible cenar contigo esta noche en el Savoy[11], porque de hecho estoy invitado a cenar por tía Augusta hace más de una semana.

JACK
Yo no te he invitado a cenar conmigo esta noche en ninguna parte.

ALGERNON
Lo sé. Eres de una negligencia absurda a la hora de mandar tus invitaciones. Es una insensatez de tu parte. No

11. Restaurante elegante y de moda en el Londres de la época, situado en Tite Street; en esta calle del barrio de Chelsea vivió Wilde antes y después de su matrimonio. Varias réplicas más adelante se cita el restaurante Willis, también de moda, situado en King Street, cerca del teatro St. James. Wilde, que solía cenar en el Willis con Alfred Douglas, lo citará en *De profundis,* donde también aparecen las cenas de la pareja en el Savoy.

hay nada que moleste tanto a la gente como no recibir invitaciones.

JACK

Bien, pero no puedo cenar en el Savoy. Les debo casi setecientas libras. No hacen más que lanzar toda clase de denuncias y chismes contra mí. Me hacen la vida imposible.

ALGERNON

¿Y por qué diablos no les pagas? Estás nadando en dinero.

JACK

Yo sí, pero Ernest no lo tiene, y debo mantener la reputación de Ernest. Ernest es uno de esos tipos que nunca paga una factura. Y recibe un requerimiento judicial casi todas las semanas.

ALGERNON

En tal caso, vayamos a cenar a Willis.

JACK

Harías mucho mejor yendo a cenar con tu tía Augusta.

ALGERNON

No tengo la menor intención de hacer nada parecido. Para empezar, cené en su casa el lunes, y cenar con la familia una vez a la semana es más que suficiente. En segundo lugar, cada vez que ceno en su casa, siempre me tratan como a un miembro de la familia, y tengo que bajar al comedor sin ninguna mujer, o con dos. En tercer lugar, sé de sobra junto a quién va a sentarme esta noche.

Me pondrá al lado de Mary Farquhar, que siempre coquetea con su marido a través de la mesa. Y eso no es muy agradable. A decir verdad, ni siquiera es decente... y esa clase de cosas está aumentando enormemente. La cantidad de mujeres que coquetean en Londres con sus maridos es realmente escandalosa. Queda tan feo. Es ni más ni menos lavar la ropa limpia en público. Además, ahora que sé que eres un bunburista consumado, es natural que quiera hablar contigo de bunburismo. Quiero enseñarte las reglas.

JACK

No soy para nada un bunburista. Si Gwendolen me acepta, estoy dispuesto a matar a mi hermano; para serte sincero, creo que lo mataré en cualquier caso. Cecily está demasiado interesada en él. No hace más que pedirme que lo perdone y cosas por el estilo. Es bastante aburrido. Por esto, tengo la intención de deshacerme de Ernest, y te aconsejo vivamente que tú hagas otro tanto con Mr..., con ese amigo tuyo enfermo que tiene ese nombre ridículo.

ALGERNON

Nada me inducirá a separarme de Bunbury, y si alguna vez llegas a casarte, cosa que me parece extremadamente problemático, estarás encantado de conocer a Bunbury. A todo hombre que se case sin conocer a Bunbury le esperan momentos muy aburridos.

JACK

Vaya bobada. Si me caso con una joven tan encantadora como Gwendolen, y de todas las que he conocido es la única con la que quiero casarme, te aseguro que no tendré ningún deseo de conocer a Bunbury.

ALGERNON

Entonces será tu mujer la que quiera. No pareces darte cuenta de que, en el matrimonio, tres son compañía y dos son nadie[12].

JACK, *en tono sentencioso*

Esas son, mi querido y joven amigo, las ideas que, desde hace cincuenta años, viene proponiendo el depravado teatro francés[13].

ALGERNON

Sí, y lo que ha demostrado en la mitad de ese tiempo la felicidad de los hogares ingleses.

JACK

Por el amor del cielo, no intentes ser cínico. No hay nada más fácil que ser cínico.

ALGERNON

Mi querido amigo, en nuestros días no es nada fácil ser algo, lo que sea. Hay una competencia tan brutal en

12. Wilde da la vuelta al conocido proverbio teñido de sentimentalismo: *Two is company, three is a crowd* («Dos son compañía, tres multitud»).
13. En varias obras de Wilde, los personajes identifican lo francés con el libertinaje o la frivolidad, que chocaban con la moralidad victoriana de la época. Piezas de autores franceses como Dumas hijo, Eugène Scribe y Émile Augier se representaban en los teatros londinenses con cortes de censura.

todo... *(Se oye el sonido de un timbre eléctrico).* ¡Ah!, debe de ser tía Augusta. Solo los parientes o los acreedores tocan el timbre de esa manera tan wagneriana[14]. Escucha, si consigo entretenerla diez minutos para que tengas una oportunidad de declararte a Gwendolen, ¿podremos cenar juntos esta noche en Willis?

JACK
Si te empeñas, supongo que sí.

ALGERNON
Sí, pero tienes que tomártelo en serio. Odio a la gente que no se toma en serio las comidas. Es tan frívolo de su parte.

Entra LANE.

LANE
Lady Bracknell y Miss Fairfax.

ALGERNON *se adelanta a su encuentro. Entran* LADY BRACKNELL *y* GWENDOLEN.

LADY BRACKNELL
Buenas noches, querido Algernon, espero que vayas muy bien.

ALGERNON
Estoy muy bien, tía Augusta.

14. La música de Wagner solo era apreciada en los ambientes intelectuales. Su poderosa sonoridad daba lugar a bromas; el propio Wilde aseguró, cuando nació su primer hijo, que tenía un estilo wagneriano.

LADY BRACKNELL
Eso no es para nada lo mismo. A decir verdad, esas dos cosas rara vez van juntas.

Ve a JACK *y le hace una breve inclinación de una frialdad glacial.*

ALGERNON, *a* GWENDOLEN
¡Dios mío, qué elegante!

GWENDOLEN
¡Yo siempre soy elegante! ¿Verdad, Mr. Worthing?

JACK
Es usted la perfección misma, Miss Fairfax.

GWENDOLEN
¡Oh!, espero no serlo. No me quedaría ningún progreso que hacer, y tengo la intención de progresar en muchos campos.

GWENDOLEN *y* JACK *se sientan juntos en un rincón.*

LADY BRACKNELL
Lamento que nos hayamos retrasado un poco, Algernon, pero tenía que visitar a la querida Lady Harbury. No había estado en su casa desde la muerte de su pobre marido. Nunca he visto una mujer tan cambiada; parece haber rejuvenecido veinte años por lo menos. Y ahora tomaré una taza de té y uno de esos deliciosos canapés de pepino que me prometiste.

ALGERNON
Pues claro, tía Augusta.

Se acerca a la mesita de té.

LADY BRACKNELL
¿No quiere venir a sentarse aquí, Gwendolen?

GWENDOLEN
Gracias, mamá, me encuentro muy a gusto donde estoy.

ALGERNON, *cogiendo la bandeja vacía, en tono horrorizado*
¡Santo cielo! ¡Lane! ¿Por qué no hay canapés de pepino? Los había encargado expresamente.

LANE, *con gravedad*
No había pepinos en el mercado esta mañana, señor. He ido dos veces.

ALGERNON
¿Que no había pepinos?

LANE
No, señor. Ni siguiera pagando al contado.

ALGERNON
Puedes retirarte, Lane, gracias.

LANE
Gracias a usted, señor.

Sale.

ALGERNON

No sabes cuánto lamento, tía Augusta, que no haya pepinos, ni siquiera pagándolos al contado.

LADY BRACKNELL

Bah, no importa, Algernon. He tomado unos *crumpets*[15] en casa de Lady Harbury, que, en mi opinión, ahora solo vive entregada al placer.

ALGERNON

He oído que, de pena, su pelo se ha vuelto totalmente dorado.

LADY BRACKNELL

Es cierto que le ha cambiado el color. ¿Por qué? Eso, naturalmente, no sabría decirlo. (ALGERNON *cruza el escenario y le tiende una taza de té*). Gracias. Esta noche tengo una auténtica sorpresa para usted, Algernon, voy a ponerlo al lado de Mary Farquhar. Es una mujer tan encantadora, y tan atenta con su marido. Da gusto verlos.

ALGERNON

Me temo, tía Augusta, que después de todo debo renunciar al placer de cenar con usted esta noche.

LADY BRACKNELL, *frunciendo el ceño*

Espero que no, Algernon. Eso me desorganizaría por

15. Bollos para tostar.

completo la mesa. Su tío tendría que ir a cenar arriba[16]. Menos mal que ya está acostumbrado.

ALGERNON
Es un fastidio enorme y, casi no necesito decírselo, una tremenda decepción para mí, pero lo cierto es que acabo de recibir un telegrama diciéndome que mi pobre amigo Bunbury ha vuelto a tener una grave recaída. (*Intercambia miradas con* JACK). Al parecer piensan que debería estar a su lado.

LADY BRACKNELL
Es muy extraño. Ese tal Mr. Bunbury parece sufrir una salud singularmente mala.

ALGERNON
Sí; el pobre Bunbury está horriblemente enfermo.

LADY BRACKNELL
Bien, Algernon, pero debo decirle que en mi opinión ya va siendo hora de que Mr. Bunbury decida de una vez por todas si tiene intención de vivir o de morirse. Sus continuas indecisiones al respecto son absurdas. Además, desapruebo por completo la compasión que hoy día se tiene por los enfermos. La considero mórbida[17]. La en-

16. La distribución de las casas aristocráticas constaba de vestíbulos de recepción y de salones grandes y pequeños, situados en el primer piso. Para ir al comedor, los invitados tenían que descender a la planta baja.
17. Uno de los vocablos que acuñó socialmente la decadencia de fin de siglo fue «morbidez». El propio Wilde precisa en *El alma del hombre bajo el socialismo* que, para el público ignorante, «mórbido» tiene el sentido de

fermedad, cualquiera que sea, no es cosa que deba ser alentada en los demás. La salud es el primer deber de la vida. Es lo que no me canso de repetirle a su pobre tío, pero no parece prestarme mucha atención... a juzgar por la escasa mejoría de sus dolencias. Bueno, Algernon, por supuesto, si está obligado a ir a la cabecera de Mr. Bunbury, no tengo nada más que decir. Pero le quedaría muy agradecida si rogara a Mr. Bunbury de mi parte que tenga la bondad de no sufrir una recaída el sábado, porque cuento con usted para organizar mi concierto. Es mi última recepción, y quiero algo que anime las conversaciones, en particular a final de temporada, cuando todo el mundo ha dicho ya casi todo lo que tenía que decir, lo cual, probablemente, no es gran cosa en la mayoría de los casos.

ALGERNON

Se lo diré a Bunbury, tía Augusta, si todavía está consciente, y creo poder prometerle a usted que se encontrará muy bien el sábado. Naturalmente, el concierto es siempre algo muy difícil. Ya sabe, si se toca buena música, la gente no escucha, y si la música que tocan es mala, la gente no habla. Pero podemos repasar el programa que he preparado, si tiene la bondad de venir conmigo un momento a la habitación de al lado.

'inmoral', 'incomprensible', 'exótico': «¿Qué es la morbidez sino una forma de emoción o de pensamiento que no se puede expresar? El público, en su totalidad, es mórbido porque no puede expresar nunca nada. El artista nunca es mórbido. Expresa todo».

LADY BRACKNELL

Gracias, Algernon. Es muy delicado de su parte. (*Levantándose y siguiendo a* ALGERNON). Estoy segura de que el programa será exquisito después de que lo hayamos expurgado un poco. No puedo tolerar las canciones francesas. La gente parece pensar que son indecorosas, y ponen cara de escandalizarse, lo cual es una vulgaridad, o, lo que es peor, se ríen. En cambio, el alemán suena con un lenguaje altamente respetable, y, por supuesto, no me cabe duda de que lo es. Gwendolen, ven conmigo[18].

GWENDOLEN

Claro, mamaíta.

LADY BRACKNELL *y* ALGERNON *pasan al salón de música,* GWENDOLEN *se queda rezagada.*

JACK

Ha hecho un día precioso, ¿verdad, Miss Fairfax?

GWENDOLEN

Por favor, Mr. Worthing, no me hable del tiempo. Cuando la gente me habla del tiempo, siempre estoy casi segura de que quieren decir otra cosa. Y eso me saca de quicio.

18. Al tópico del libertinaje de lo francés, Lady Bracknell añade el de la respetabilidad alemana; la familia real británica tenía profundas raíces germánicas desde el advenimiento de Jorge I; Guillermo II de Alemania era, por ejemplo, sobrino de la reina Victoria.

JACK

Sí, yo quiero hablar de otra cosa.

GWENDOLEN

Estaba segura. De hecho, nunca me equivoco.

JACK

Y me gustaría que me permitiese aprovechar la ausencia momentánea de Lady Bracknell...

GWENDOLEN

Le aconsejaría encarecidamente que lo hiciera. Mamá tiene un modo tan brusco de volver a entrar en una habitación que más de una vez he tenido que hacérselo notar.

JACK, *nervioso*

Miss Fairfax, desde que la vi por primera vez, la he admirado más que a ninguna otra mujer... que he conocido desde... que la conocí.

GWENDOLEN

Sí, ya me había dado perfectamente cuenta. Y más de una vez he deseado que, por lo menos en público, se hubiera mostrado más efusivo. Siempre ha ejercido usted sobre mí una fascinación irresistible. Antes incluso de conocerlo, ya estaba yo muy lejos de serle indiferente. (JACK *la mira estupefacto*). Como espero que sepa, Mr. Worthing, vivimos en una época de ideales. Es un hecho que continuamente mencionan las revistas mensuales más caras, y, según me cuentan, ha llegado incluso a los púlpitos de provincias; y mi ideal siempre ha sido amar a alguien que se llame Ernest. Hay en ese nombre algo que inspira una confianza absoluta. Desde el momento en que Algernon mencionó por primera vez que uno de sus amigos se llamaba Ernest, supe que estaba destinada a amarlo. Por suerte para la tranquilidad de mi espíritu, ese nombre es, según mi experiencia, extremadamente raro.

JACK
¿De veras me ama, Gwendolen?

GWENDOLEN
¡Apasionadamente!

JACK
Querida, no puede saber lo feliz que me hace.

GWENDOLEN
¡Ernest mío!

Se abrazan.

JACK
Pero ¿quiere decir realmente que no podría amarme si mi nombre no fuera Ernest?

GWENDOLEN
Pero su nombre es Ernest.

JACK
Sí, lo sé. Pero ¿suponiendo que fuera otro? ¿Quiere decir entonces que no podría amarme?

GWENDOLEN, *en tono voluble*

¡Ah!, eso es claramente una especulación metafísica, y, como la mayoría de las especulaciones metafísicas, tiene muy poco que ver con los hechos de la vida real tal como los conocemos.

JACK

Personalmente, querida, y para hablarle con toda sinceridad, no me gusta demasiado el nombre de Ernest... No creo que ese nombre me siente muy bien.

GWENDOLEN

Le sienta de maravilla. Es un nombre divino. Tiene una musicalidad muy suya. Produce vibraciones.

JACK

Francamente, Gwendolen, creo que hay muchos otros nombres bastante más bonitos. Pienso que Jack, por ejemplo, es un nombre encantador.

GWENDOLEN

¿Jack?... No, hay muy poca música en el nombre de Jack, si es que tiene alguna. No estremece. No produce absolutamente ninguna vibración... He conocido a varios Jack, y todos sin excepción eran más vulgares de lo habitual. Además, como todo el mundo sabe, Jack es un diminutivo familiar de John. Y compadezco a toda mujer que esté casada con un hombre llamado John. ¡Qué vida tan aburrida tendría con él! Es probable que nunca conozca el excitante placer de un solo momento de soledad. El único nombre que ofrece garantías es Ernest.

JACK

Gwendolen, tengo que bautizarme ahora mismo... quiero decir que debemos casarnos ahora mismo. No hay tiempo que perder.

GWENDOLEN

¿Casarnos, Mr. Worthing?

JACK, *desconcertado*

Sí... claro. Usted sabe que la amo, y me ha dado a entender, Miss Fairfax, que no le soy totalmente indiferente.

GWENDOLEN

Lo adoro. Pero todavía no se me ha declarado. Aún no se ha hablado una palabra de matrimonio. El asunto ni siquiera se ha abordado.

JACK

Bien... ¿puedo declararme ahora?

GWENDOLEN

Creo que sería una oportunidad admirable. Y para ahorrarle cualquier posible decepción, Mr. Worthing, considero justo decirle de antemano con toda franqueza que estoy totalmente decidida a decirle que sí.

JACK

¡Gwendolen!

GWENDOLEN

Sí, Mr. Worthing, ¿qué tiene que decirme?

JACK
Ya sabe de sobra lo que tengo que decirle.

GWENDOLEN
Sí, pero no lo dice.

JACK
Gwendolen, ¿quiere casarse conmigo?

Se pone de rodillas.

GWENDOLEN
Claro que sí, querido mío. ¡Cuánto tiempo ha tardado! Me temo que tiene usted muy poca práctica en esto de declararse.

JACK
Amor mío, nunca he amado a nadie más que a usted.

GWENDOLEN
Sí, pero los hombres se declaran a menudo para practicar. Sé que mi hermano Gerald lo hace. Y todas mis amigas me lo dicen. ¡Qué maravillosos ojos azules tiene usted, Ernest! ¡Son de un azul tan azul! Espero que siempre me mire usted así, sobre todo en presencia de otras personas.

Entra LADY BRACKNELL.

LADY BRACKNELL
¡Mr. Worthing! Caballero, levántese de esa posición semitumbada. Es de lo más indecente.

GWENDOLEN
¡Mamá! *(Él trata de levantarse; ella se lo impide).* Debo rogarle que se retire. Este no es sitio para usted. Además, Mr. Worthing aún no ha terminado del todo.

LADY BRACKNELL
¿Qué no ha terminado, si puede saberse?

GWENDOLEN
Mr. Worthing y yo nos hemos prometido, mamá.

Los dos se levantan.

LADY BRACKNELL
Perdóneme, pero usted no está prometida a nadie. Cuando esté comprometida con alguien, yo, o su padre, si su salud se lo permite, se lo haremos saber. Una joven debe recibir la noticia de su compromiso como una sorpresa, agradable o desagradable, según los casos. No es asunto que pueda permitírsele arreglar por su cuenta... Y ahora, Mr. Worthing, tengo algunas preguntas que hacerle.

JACK
Estaré encantado de responder a todas sus preguntas, Lady Bracknell.

GWENDOLEN
Si conoce las respuestas, querrá usted decir... Las preguntas de mamá son a veces particularmente inquisitoriales.

LADY BRACKNELL

Pretendo hacerlas muy inquisitoriales. Gwendolen, mientras yo hago estas pesquisas, espéreme abajo, en el coche.

GWENDOLEN, *en tono de reproche*

¡Mamá!

LADY BRACKNELL

¡En el coche, Gwendolen! (GWENDOLEN *se dirige a la puerta. Ella y* JACK *se tiran besos a espaldas de* LADY BRACKNELL. LADY BRACKNELL *mira vagamente a su alrededor como si no comprendiera el significado de esos ruidos. Finalmente se vuelve*). ¡Gwendolen, al coche!

GWENDOLEN

Sí, mamá.

Sale sin dejar de mirar a JACK.

LADY BRACKNELL, *sentándose*

Puede usted sentarse, Mr. Worthing.

Saca de su bolsillo un cuaderno de notas y un lápiz.

JACK

Gracias, Lady Bracknell, prefiero estar de pie.

LADY BRACKNELL, *lápiz y cuaderno en mano*

Me veo en la obligación de decirle que no figura usted en mi lista de jóvenes elegibles, aunque tengo la misma lista que tiene la querida duquesa de Bolton. A decir verdad, trabajamos de común acuerdo. Sin embargo, estoy totalmente dispuesta a incluir su nombre si sus respuestas son las que exige una madre realmente cariñosa. ¿Fuma usted?

JACK

Bueno, sí, debo admitir que fumo.

LADY BRACKNELL

Me alegra oírlo. Un hombre siempre debe tener una ocupación, la que sea. Ya hay demasiados hombres desocupados en Londres. ¿Qué edad tiene?

JACK

Veintinueve años.

LADY BRACKNELL

Una edad excelente para casarse. Siempre he pensado que un hombre que desea casarse debería saber todo o no saber nada. ¿Qué sabe usted?

JACK, *tras alguna vacilación*

No sé nada, Lady Bracknell.

LADY BRACKNELL

Me encanta oír eso. No apruebo todo lo que pueda alterar la ignorancia natural. La ignorancia es como una fruta delicada y exótica; basta tocarla para que pierda su flor. Toda esa teoría de la educación moderna es radicalmente insensata. Por suerte, en Inglaterra al menos, la educación no produce resultado de ningún tipo. De no ser así, supondría un serio peligro para las clases superiores y probablemente provocaría actos de violencia en Grosvenor Square[19]. ¿Qué renta tiene usted?

JACK

De siete a ocho mil libras al año.

LADY BRACKNELL *toma nota en su cuaderno*

¿En tierras o en inversiones?

JACK

En inversiones, principalmente.

LADY BRACKNELL

Eso es satisfactorio. Entre los impuestos que hay que pagar en vida, y los impuestos que nos exigen una vez muertos, la tierra ha dejado de ser un beneficio o un placer[20]. Te da una buena posición, y te impide mantenerla. Es todo lo que se puede decir sobre la tierra.

JACK

Poseo una casa de campo con un poco de tierra alrededor, desde luego, unos mil quinientos acres, creo; pero mis verdaderas rentas no proceden de ahí. De hecho, y por lo que sé, los cazadores furtivos son los únicos que sacan algo de ella.

19. Gran plaza ajardinada, en el exclusivo distrito londinense de Mayfair, en el West End aristocrático.
20. Lady Bracknell alude a una ley aprobada durante el gobierno liberal de 1894, que creó el impuesto sobre la renta.

LADY BRACKNELL

¡Una casa de campo! ¿De cuántas habitaciones? Bueno, ese punto podemos aclararlo más tarde. Y supongo que tiene una casa en la ciudad. No puede esperarse que una joven de carácter sencillo e inocente como Gwendolen viva en el campo.

JACK

Bueno, poseo una casa en Belgrave Square[21], pero está alquilada todo el año a Lady Bloxham. Como es lógico, puedo recuperarla cuando quiera avisando con seis meses de antelación.

LADY BRACKNELL

¿Lady Bloxham? No la conozco.

JACK

¡Oh!, sale muy poco. Es una dama de edad considerablemente avanzada.

LADY BRACKNELL

Ah, hoy día eso no es una garantía de respetabilidad de carácter. ¿En qué número de Belgrave Square?

JACK

En el ciento cuarenta y nueve.

21. Belgrave Square, barrio elegante del West End, que se encuentra en el entorno de Hyde Park, muy cerca del palacio de Buckingham. También vive en él Dorian Gray.

LADY BRACKNELL, *moviendo la cabeza*

El lado que no está de moda. Ya sospechaba yo que algo había. Aunque eso podría cambiarse fácilmente.

JACK

¿Se refiere usted a la moda, o al lado?

LADY BRACKNELL, *con aire severo*

A los dos, si es necesario, supongo. ¿Qué ideas políticas tiene?

JACK

Bueno, me temo que realmente ninguna. Soy liberal unionista[22].

LADY BRACKNELL

Oh, son casi como los *tories*[23]. Los recibimos a cenar. O se pasan a vernos durante la velada. Por supuesto, no ten-

22. El Partido Liberal Unionista era resultado de una escisión del Partido Conservador o *tory,* que duró de 1845 a 1886. En esta última fecha, dirigidos por Joseph Chamberlain, se unieron a los conservadores en su defensa de la unión parlamentaria de Irlanda y Gran Bretaña. Esta oposición a la autonomía de Irlanda (Home Rule) propuesta por Gladstone, era un asunto que interesaba a Wilde. En 1895 aseguraron con sus votos la victoria de los *tories..*

23. El partido *tory* fue creado por los realistas que apoyaban a Jacobo II, último de los Estuardos. A finales del siglo XVIII, los *tories,* partidarios de la monarquía absoluta, se enfrentaron como partido a los *whigs,* que defendían la monarquía parlamentaria de los Hannover. En *El retrato de Dorian Gray,* Sir Thomas Burdon es un «diputado radical, que en la vida pública seguía a su jefe de filas, y en la privada a los mejores cocineros, cenando con los *tories* y pensando con los liberales, de conformidad con una regla muy sabia y bien conocida» (ed. cit. pág. 73). El partido *whig* o liberal tenía a su izquierda a los *radicals,* cercanos a los socialistas y favo-

drá usted simpatía alguna, de la clase que sea, por el Partido Radical, ¿verdad?

JACK

¡Oh!, no tengo la menor intención de apoyar a las masas contra las clases superiores, si es a eso a lo que se refiere, Lady Bracknell.

LADY BRACKNELL

A eso es a lo que me refiero exactamente... ¡Hum!... ¿Viven sus padres?

JACK

He perdido a los dos.

LADY BRACKNELL

¿A los dos?... Perder uno puede considerarse una desgracia... perder a los dos parece negligencia. ¿Quién era su padre? Evidentemente un hombre de cierta fortuna. ¿Había nacido en lo que los periódicos radicales llaman la púrpura del comercio, o se había elevado desde las filas de la aristocracia?

JACK

Mucho me temo que en realidad no lo sé. Le he dicho, y es lo cierto, Lady Bracknell, que había perdido a mis padres. Estaría más cerca de la verdad decir que fueron mis padres los que parecen haberme perdido... Realmente no sé quién soy por nacimiento. Fui... bueno, fui encontrado.

rables a una refundación del sistema electoral y social que las clases conservadoras vieron como una amenaza.

LADY BRACKNELL
¡Encontrado!

JACK
El difunto Mr. Thomas Cardew, un viejo gentilhombre de carácter muy caritativo y bondadoso, me encontró y me dio el apellido de Worthing porque resulta que en ese momento tenía un billete de primera clase para Worthing en el bolsillo. Worthing es un pueblo de Sussex. Un balneario junto al mar.

LADY BRACKNELL
Y ese caballero tan caritativo que tenía un billete de primera clase para ese balneario, ¿dónde lo encontró?

JACK, *gravemente*
En una bolsa de viaje.

LADY BRACKNELL
¿En una bolsa de viaje?

JACK, *muy serio*
Sí, Lady Bracknell. Estaba en una bolsa de viaje... una bolsa de viaje bastante grande, con asas, de cuero negro... a decir verdad, una bolsa de viaje corriente.

LADY BRACKNELL
¿Y en qué localidad ese Mr. James, o Thomas, Cardew, encontró esa bolsa de viaje corriente?

JACK

En la consigna[24] de la estación Victoria. Se la dieron por error en lugar de la suya.

LADY BRACKNELL

¿En la consigna de la estación Victoria?

JACK

Sí. En la línea de Brighton.

LADY BRACKNELL

La línea importa poco. Le confieso, Mr. Worthing, que me ha dejado usted algo perpleja con lo que acaba de contarme. Haber nacido, o, en cualquier caso, haber visto la luz en una bolsa de viaje, con asas o sin ellas, muestra, en mi opinión, un desprecio por las conveniencias habituales de la vida familiar que recuerda uno de los peores excesos de la Revolución Francesa. Y supongo que usted ya sabe adónde llevó ese desdichado movimiento. En cuanto al lugar exacto en que fue encontrada la bolsa de viaje, la consigna de una estación de ferrocarril, bien podría ocultar una indiscreción social[25] –probablemente, no es la primera vez que se ha usado para ese fin–, pero difícilmente podría considerarse como una base sólida para alcanzar una posición reconocida en la buena sociedad.

24. *Cloack-room:* como eufemismo también significa servicios, lavabos.
25. Con los términos «indiscreción social» Lady Bracknell da a entender que Jack podría ser hijo ilegítimo de algún *gentleman* y de una mujer de clase inferior, tema que Wilde había desarrollado en *Una mujer sin importancia.*

JACK

¿Puedo preguntarle entonces qué me aconseja hacer? No necesito decirle que estaría dispuesto a todo para garantizar la felicidad de Gwendolen.

LADY BRACKNELL

Le aconsejaría vivamente, Mr. Worthing, que intente adquirir unos progenitores lo antes posible, y hacer serios esfuerzos para presentar por lo menos a uno de ellos, padre o madre, antes de que acabe la temporada[26].

JACK

Bueno, no veo cómo podría arreglármelas para conseguirlo. Puedo presentar la bolsa de viaje en cualquier momento. La tengo en casa, en mi vestidor. Creo sinceramente que eso debería satisfacerla, Lady Bracknell.

LADY BRACKNELL

¿A mí, caballero? ¿Y eso qué tiene que ver conmigo? No imaginará usted que ni yo ni Lord Bracknell vamos a autorizar, ni en sueños, que nuestra única hija –una joven

26. La temporada era un periodo de gran vida social, de principios de mayo a finales de julio, cuando, tras las carreras de Goodwood y las regatas de Cowes, la aristocracia se retiraba a sus casas de campo para dedicarse a la caza hasta la nueva temporada. En las numerosas fiestas sociales se presentaban en sociedad las jóvenes casaderas, se concretaban esponsales, bodas, etc. En el carnet de baile, las jóvenes anotaban el nombre de los caballeros con los que bailaban; de este modo, las madres o tías, cumpliendo su función de carabinas, podían controlar las relaciones de sus hijas y «orientarlas» hacia los buenos partidos, impidiéndoles perder tiempo con los segundones de las familias. Solo se consideraban buenos partidos los hijos mayores, en quienes recaían el título, las propiedades y la fortuna familiar.

educada con el mayor esmero– se case con una consigna y contraiga parentesco con un paquete. (JACK *se sobresalta de indignación*). Tenga la bondad de abrirme la puerta, caballero. Naturalmente, como bien comprenderá, en el futuro no puede haber comunicación de ninguna clase entre usted y Miss Fairfax.

LADY BRACKNELL *sale precipitadamente con majestuosa indignación. Desde la habitación vecina,* ALGERNON *ataca la* Marcha nupcial[27]. JACK *mira hecho una furia, y se dirige hacia la puerta.*

JACK

¡Por amor del cielo, Algy, deja de tocar esa melodía fúnebre! ¡Qué idiota eres!

Cesa la música y entra ALGERNON *con aire jovial.*

ALGERNON

¿No han salido bien las cosas, querido? ¿No irás a decirme que Gwendolen te ha rechazado? La conozco, es una de sus manías. Se dedica a rechazar a la gente. Creo que es su mayor defecto.

JACK

Oh, con Gwendolen todo ha ido a pedir de boca. Por lo que a ella se refiere, estamos prometidos. Pero su madre

27. La *Marcha nupcial* ya se utilizaba en las bodas en ese final de siglo; su partitura forma parte del *Sueño de una noche de verano,* de Félix Mendelssohn (1826).

es absolutamente insoportable. Nunca he tropezado con una Gorgona como ella[28]... En realidad no sé a qué se parece una Gorgona, pero estoy totalmente seguro de que Lady Bracknell lo es. En cualquier caso, es un monstruo, sin ser un mito, lo cual es bastante injusto... Discúlpame, Algy, supongo que no debería hablar así de tu tía delante de ti.

ALGERNON

Mi querido amigo, me encanta oír hablar mal de los miembros de mi familia. Es lo único que los vuelve soportables. La familia no es más que un montón de gente aburrida que no tiene la menor idea de cómo vivir ni el menor instinto de cuándo deben morirse[29].

JACK

¡Ah!, yo no tengo familia. No sé nada sobre familias.

ALGERNON

Pues tienes suerte, querido. La familia no presta nunca dinero, y no te da ningún crédito, ni siquiera sobre tu talento. Es como el público, pero en peor.

28. En la mitología griega había tres Gorgonas: Esteno, Euríale y Medusa; esta última, la Gorgona por excelencia, mortal mientras sus hermanas eran inmortales, tenía como ellas una cabeza rodeada de serpientes, grandes colmillos semejantes a los del jabalí, alas de oro con las que podía volar y manos de bronce; su mirada podía convertir en piedra a todo el que la sufría. Las tres hermanas eran objeto de horror y espanto incluso para los inmortales. Perseo consiguió dar muerte a Medusa mientras esta dormía, utilizando como espejo su escudo para evitar su mirada.
29. En otra obra de Wilde, *Un marido ideal,* también aparece este tema wildeano de enfrentamiento entre generaciones.

JACK

Después de todo, ¿qué importa que un hombre tenga o deje de tener un padre y una madre? De las madres, por supuesto, no hay nada que decir. Pagan las facturas sin andarse con historias. Pero los padres siempre te montan una escena y nunca pagan las facturas. No conozco un solo tipo en el club que se hable con su padre.

ALGERNON

¡Sí! En este momento, los padres no son desde luego muy populares.

Coge el periódico de la tarde.

JACK

¡Populares! Te apuesto lo que quieras a que ni uno solo de los tipos que tú y yo conocemos querría ser visto en St. James's Street caminando en compañía de su padre. *(Un silencio).* ¿Hay algo en los periódicos?

ALGERNON, *que sigue leyendo*

Nada.

JACK

¡Qué alivio!

ALGERNON

Por lo que yo sé, nunca hay nada en los periódicos.

JACK

En mi opinión, suelen venir llenos de muchas cosas, demasiadas... No hacen más que dar la lata hablando de gente a la que no conoces, a la que nunca has visto, y que te importa un comino. ¡Qué groseros!

ALGERNON

Pues yo creo que la gente a la que nunca has visto es encantadora. En este momento estoy muy interesado en una joven a la que nunca he visto; estoy realmente interesadísimo.

JACK

¡Vaya tontería!

ALGERNON

De tontería nada.

JACK

Bueno, no pienso discutir ese asunto. Siempre quieres discutir de lo que sea.

ALGERNON

Para eso precisamente se crearon las cosas desde los orígenes.

JACK

Te doy mi palabra de que, si pensara eso, me pegaría un tiro... *(Silencio).* Dime, Algy, ¿crees que hay alguna posibilidad de que Gwendolen llegue a ser como su madre dentro de unos ciento cincuenta años?

ALGERNON

Todas las mujeres terminan pareciéndose a su madre. Esa es su tragedia. A los hombres no les ocurre eso. Y esa es la de ellos.

Jack
¿Eso te parece inteligente?

Algernon
¡Está perfectamente expresado! Y además, es tan cierto como podría serlo cualquier observación sobre la vida civilizada.

Jack
Me muero de náuseas con tanto ingenio. Hoy día todo el mundo es inteligente. No puedes dar un paso sin encontrar gente inteligente. Se ha convertido en una verdadera calamidad pública. Cuánto me gustaría que tuviéramos unos cuantos imbéciles.

Algernon
Claro que los tenemos.

Jack
Me gustaría muchísimo conocerlos. ¿De qué hablan?

Algernon
¿Los imbéciles? ¡Oh!, de la gente inteligente, por supuesto.

Jack
Qué imbéciles.

Algernon
A propósito, ¿le has dicho a Gwendolen la verdad sobre el hecho de que eres Ernest en la ciudad y Jack en el campo?

JACK, *en un tono muy condescendiente*

Mi querido amigo, la verdad no es siempre ese tipo de cosas que se dicen a una joven bonita, dulce y refinada. ¡Qué ideas tan extravagantes tienes sobre la manera de comportarse con una mujer!

ALGERNON

La única manera de comportarse con una mujer es cortejarla, si es bonita, y cortejar a otra, si es fea.

JACK

¡Oh, vaya tontería!

ALGERNON

¿Y qué hay de esa joven dama de la que eres tutor, de Miss Cardew? ¿Y qué hay de tu hermano, de ese depravado de Ernest?

JACK

Oh, Cecily está muy bien. Y de aquí al fin de semana me habré librado de mi hermano... Creo que probablemente lo mataré en París.

ALGERNON

¿Por qué en París?

JACK

¡Oh!, muy sencillo, no quiero complicarme tontamente la vida con el funeral y cosas por el estilo... sí, lo mataré en París. Una apoplejía vendría muy bien. Mucha gente muere de apoplejía de forma repentina, ¿no?

ALGERNON

Sí, pero es hereditaria, mi querido amigo. Es ese tipo de cosas que se transmiten en las familias.

JACK

¡Santo cielo! Entonces tengo que escoger algo distinto. ¿Qué puedo decir?

ALGERNON

¡Oh, di que ha muerto de gripe[30]!

JACK

¡Oh, no!, parecerá muy improbable. La ha tenido mucha gente.

ALGERNON

Bueno, di lo que quieras. Di que ha muerto de un fuerte resfriado; quedará muy bien.

JACK

¿Estás seguro de que un fuerte resfriado no es hereditario, o alguna cosa espantosa por el estilo?

ALGERNON

Totalmente seguro.

JACK

Entonces perfecto. Caso resuelto.

30. En la época, la gripe se combatía mal y causaba en ocasiones miles de muertos hasta 1920.

ALGERNON

Pero creía que me habías dicho que... Miss Cardew estaba muy interesada en tu pobre hermano Ernest. ¿No crees que para ella será un duro golpe su pérdida?

JACK

Oh, todo irá bien. Me alegra poder decir que Cecily no es una de esas chicas tontas y románticas. Tiene un apetito extraordinario, da largos paseos a pie y no presta la menor atención a sus estudios.

ALGERNON

No sabes cómo me gustaría conocer a Cecily.

JACK

Ya tendré yo buen cuidado de que eso no suceda nunca. Y te prohíbo que hables de ella llamándola Cecily.

ALGERNON

¡Ah!, entonces seguro que es fea. Sí, imagino perfectamente bien a qué se parece. Una de esas chicas intelectuales sosas que uno encuentra por todas partes. Chicas de gran inteligencia y grandes pies también[31]. Seguro que es más fea de lo habitual, y apuesto a que tiene unos treinta y nueve años, y que los aparenta.

JACK

Pues resulta que es prodigiosamente guapa, y solo tiene dieciocho años.

31. En los cánones de belleza de la aristocracia victoriana, los pies y las manos grandes eran un gran defecto, al que alude Lord Goring al principio del acto IV de otra obra de Wilde, *Un marido ideal.*

ALGERNON
¿Ya le has dicho a Gwendolen que tienes una pupila prodigiosamente guapa de solo dieciocho años?

JACK
¡Oh!, no es de esas cosas que se sueltan a la gente así como así. La vida es una cuestión de tacto. Hay que decir las cosas poco a poco. Estoy totalmente seguro de que Cecily y Gwendolen van a ser grandes amigas. Te apuesto lo que quieras a que, a la media hora de conocerse, están llamándose hermana la una a la otra.

ALGERNON
Las mujeres solo hacen eso después de haberse llamado muchas otras cosas. Ahora, querido amigo, si queremos conseguir una buena mesa en Willis, deberíamos ir a vestirnos. ¿Sabes que son casi las siete?

JACK, *irritado*
¡Oh!, siempre son casi las siete.

ALGERNON
Bueno, yo tengo hambre.

JACK
Nunca supe que no la tuvieras... En fin, de acuerdo. Paso por el Albany y me reúno contigo en Willis a las ocho. También puedes pasar a recogerme, si quieres.

ALGERNON
¿Qué haremos después de cenar? ¿Vamos al teatro?

JACK

¡Oh, no!, me horroriza escuchar.

ALGERNON

Bueno, ¿por qué no vamos al Club[32]?

JACK

¡Oh, no!, odio hablar.

ALGERNON

Entonces podríamos dar una vuelta por el Empire[33] a las diez.

JACK

¡Ah, no!, me aburre mirar esas cosas. Es tan idiota.

ALGERNON

Y entonces, ¿qué haremos?

JACK

¡Nada!

ALGERNON

No hacer nada es un trabajo espantosamente penoso. Aunque no tengo nada contra el trabajo penoso cuando carece de una finalidad cualquiera.

32. Los clubs en que se reunían los *gentlemen,* y en los que podían comer, leer revistas, etc., prohibían la entrada de mujeres.
33. El Empire Theatre of Varieties era el gran teatro de music-hall de la época; frecuentado por prostitutas que pactaban en él sus encuentros galantes, provocaba las iras de las ligas puritanas, en especial las de la British Women's Temperance Association en 1894.

Entra LANE.

LANE
Miss Fairfax.

Entra GWENDOLEN. LANE *sale.*

ALGERNON
¡Vaya, Gwendolen!

GWENDOLEN
Por favor, dese la vuelta, Algy. Tengo algo muy particular que decirle a Mr. Worthing. Como en cierta forma se trata de un asunto privado, puede escuchar, por supuesto.

ALGERNON
La verdad, Gwendolen, no creo que deba permitirlo de ningún modo.

GWENDOLEN
Algy, usted siempre adopta ante la vida un punto de vista estrictamente inmoral. Todavía no es bastante viejo para hacer eso.

ALGERNON *se retira hacia la chimenea.*

JACK
Mi único amor.

GWENDOLEN
Ernest, puede que nunca podamos casarnos. Es lo que me temo a juzgar por la expresión de la cara de mamá.

Hoy día, son pocos los padres que tienen en cuenta lo que sus hijos les dicen. El antiguo respeto por los jóvenes está muriendo rápidamente. Si alguna influencia he podido tener sobre mamá, la perdí a los tres años. Pero, aunque pueda impedirnos que seamos marido y mujer y, aunque me case con algún otro, y aunque me case muchas veces[34], nada de lo que ella pueda hacer alterará mi eterno amor por usted.

JACK

¡Querida Gwendolen!

GWENDOLEN

La historia de su romántico origen, tal como me la ha contado mamá, con comentarios desagradables, ha removido naturalmente las fibras más profundas de mi ser. Su nombre tiene una fascinación irresistible. La simplicidad de su carácter lo vuelve a mis ojos exquisitamente incomprensible. Tengo sus señas de Londres, en el Albany. ¿Qué dirección tiene en el campo?

JACK

The Manor House, Wolton, Hertfordshire.

ALGERNON, *que ha estado escuchando atentamente, sonríe para sí y anota la dirección en el puño de la camisa. Luego coge la Guía de Ferrocarriles.*

34. Wilde había reseñado una guía matrimonial, *How to be happy though married* («Cómo ser feliz aunque esté uno casado»), en la que un soltero recomendaba a un amigo «casarse joven y frecuentemente».

GWENDOLEN
Espero que haya un buen servicio postal. Quizá sea necesario recurrir a una solución desesperada. Esto requeriría, por supuesto, una seria reflexión. Me comunicaré con usted todos los días.

JACK
¡Mi único amor!

GWENDOLEN
¿Hasta cuándo se quedará en la ciudad?

JACK
Hasta el lunes.

GWENDOLEN
¡Perfecto! Algy, ya puede volverse.

ALGERNON
Gracias, ya me había vuelto.

GWENDOLEN
También puede llamar al timbre.

JACK
¿Me permite que la acompañe hasta su coche, amor mío?

GWENDOLEN
Por supuesto.

JACK, *a* LANE, *que entra en ese momento*
Yo acompañaré a Miss Fairfax.

LANE
Sí, señor.

JACK *y* GWENDOLEN *salen.* LANE *presenta varias cartas a* ALGERNON *en una bandeja. Puede suponerse que se trata de facturas, porque* ALGERNON *las rompe después de echar una ojeada a los sobres.*

ALGERNON
Lane, un jerez.

LANE
Sí, señor.

ALGERNON
Mañana, Lane, me iré a bunburizar.

LANE
Sí, señor.

ALGERNON
Probablemente no estaré de vuelta antes del lunes. Prepárame el frac, mi batín corto y todos los trajes de bunburizar.

LANE
Sí, señor.

Le ofrece el jerez.

ALGERNON
Espero que mañana haga un buen día, Lane.

LANE
Nunca lo hace, señor.

ALGERNON
Lane, eres un pesimista perfecto.

LANE
Hago lo que puedo para complacer al señor.

Entra JACK. LANE *sale.*

JACK
¡Qué joven tan sensata e inteligente! ¡La única mujer a la que he amado en mi vida! (ALGERNON *se ríe a carcajadas*). ¿Qué diablos te parece tan divertido?

ALGERNON
¡Oh!, estoy algo preocupado por el pobre Bunbury, eso es todo.

JACK
Si no tienes cuidado, tu amigo Bunbury te meterá en un lío serio algún día.

ALGERNON
Adoro los líos. Son las únicas cosas que nunca son serias.

JACK
¡Oh!, vaya tontería, Algy. No dices más que sandeces.

ALGERNON
Como todo el mundo.

JACK *le lanza una mirada indignada y abandona la habitación.* ALGERNON *enciende un cigarrillo, lee el puño de su camisa y sonríe.*

TELÓN

Acto segundo

ESCENA: *Jardín en Manor House, en Wolton. Una escalera de piedra gris lleva a la casa. El jardín, a la antigua, está lleno de rosas. Época del año, julio. Sillas de mimbre y una mesa llena de libros, colocadas debajo de un gran tejo.*

MISS PRISM *aparece sentada a la mesa.* CECILY *está al fondo, regando las flores.*

MISS PRISM, *llamando*

¡Cecily, Cecily! ¿No le parece que una ocupación tan utilitaria como regar flores es deber de Moulton más que suyo? Sobre todo en el momento en que la esperan los placeres intelectuales. Su gramática alemana está sobre la mesa. Ábrala, por favor, en la página quince. Repasaremos la lección de ayer.

CECILY

Ah, preferiría que le diese a Moulton la lección de alemán antes que a mí. ¡Moulton!

MOULTON, *apareciendo por detrás de un seto, con una amplia sonrisa en su cara*

¿Qué quiere, Miss Cecily?

CECILY

¿No le gustaría saber alemán, Moulton? El alemán es la lengua que habla la gente que vive en Alemania.

MOULTON, *meneando la cabeza*

Estoy en contra de todas las lenguas extranjeras, señorita. (*Inclinándose ante* MISS PRISM). Sin querer ofenderla, señora.

Desaparece detrás del seto.

MISS PRISM

Cecily, no se librará usted así como así. Le ruego que abra inmediatamente su Schiller[1].

CECILY, *acercándose muy lentamente*

Pero es que no me gusta el alemán. No es una lengua que me siente bien. Estoy totalmente convencida de que estoy feísima después de mi clase de alemán.

1. Friedrich von Schiller (1759-1805), dramaturgo y poeta alemán; en su obra más conocida, *Guillermo Tell* (1804), denuncia los abusos de la tiranía.

Miss Prism

Niña, ya sabe lo empeñado que está su tutor en que haga progresos en todo. Cuando ayer se marchó a la ciudad, insistió especialmente en su alemán. Aunque, a decir verdad, siempre insiste en su alemán cuando se va a la ciudad.

Cecily

¡Es tan serio el querido tío Jack! A veces es tan serio que tengo la impresión de que no se encuentra bien del todo.

Miss Prism, *levantándose de la mesa*

Su tutor goza de una salud espléndida, y la seriedad de su comportamiento es particularmente encomiable en alguien tan relativamente joven. No conozco a nadie que tenga un sentido más elevado del deber y de la responsabilidad.

Cecily

Supongo que, por esa razón, a menudo parece aburrirse un poco cuando estamos los tres juntos.

Miss Prism

¡Cecily! Me sorprende que hable así. Mr. Worthing tiene muchas preocupaciones en su vida. Una alegría sin sentido y la trivialidad estarían fuera de lugar en su conversación. No debe olvidar su constante inquietud por ese desdichado joven hermano suyo.

Cecily

Me gustaría que tío Jack permitiera a ese desdichado joven hermano suyo venir aquí de vez en cuando. Quizá nosotras, Miss Prism, podríamos ejercer una influencia benéfica sobre él. Estoy segura de que usted desde luego la tendría. Sabe usted alemán, y geología, y ese tipo de cosas tienen muchísima influencia en un hombre.

CECILY *empieza a escribir en su diario.*

MISS PRISM, *moviendo la cabeza*

No creo que yo fuera capaz de producir el menor efecto en un carácter que, según admite su propio hermano, es irremediablemente débil y dubitativo. A decir verdad, no estoy segura de que quisiera reformarlo. No soy partidaria de esa manía moderna de transformar a la gente mala en buena en un abrir y cerrar de ojos. Todo hombre debe recoger lo que sembró[2].

CECILY

Pero si los hombres no siembran, Miss Prism... Y si lo hicieran, no veo por qué habría que castigarlos. Ya hay demasiado castigo en el mundo. El alemán es desde luego un castigo, y se habla demasiado alemán. Usted misma me dijo ayer que Alemania estaba superpoblada.

MISS PRISM

Eso no es razón para que escriba usted su diario en lugar de traducir *Guillermo Tell.* Debe cerrar su diario, Cecily. La verdad es que no veo por qué tiene que llevar un diario.

2. Referencia a la Epístola a los Gálatas 6, 7-8: «No os dejéis engañar, de Dios no se burla nadie; pues lo que uno siembre, eso cosechará; porque el que siembra en su carne, de la carne cosechará corrupción, pero el que siembra en el espíritu, del espíritu cosechará vida eterna».

CECILY

Llevo un diario para anotar en él los maravillosos secretos de mi vida. Si no los anoto, probablemente se me olvidarían todos.

MISS PRISM

La memoria, mi querida Cecily, es el diario que todos llevamos con nosotros.

CECILY

Sí, pero por lo general registra cosas que nunca han ocurrido, y que tal vez no tenían la menor posibilidad de ocurrir. Creo que la memoria es la responsable de casi todas las novelas en tres volúmenes que nos hace llegar la biblioteca Mudie[3].

MISS PRISM

No hable a la ligera de las novelas en tres volúmenes, Cecily. Yo misma escribí una en mi juventud.

CECILY

¿De verdad, Miss Prism? ¡Qué maravillosamente inteligente es usted! Espero que su final no fuera feliz. No me gustan la novelas que terminan bien. ¡Me deprimen tanto!

MISS PRISM

Los buenos terminaban bien, y los malos mal. Eso es lo que quiere decir ficción.

3. La Mudie's Circulating Library era una célebre biblioteca de préstamo fundada en 1842 por Charles Edward Mudie; ofrecía todos los meses a sus suscriptores una selección de los libros de reciente aparición.

CECILY

Supongo que sí. Pero me parece muy injusto. ¿Y su novela llegó a publicarse?

MISS PRISM

¡Ay, no! Por desgracia el manuscrito fue abandonado. (CECILY *se sobresalta*). Empleo esta palabra en el sentido de perdido o extraviado[4]. Pero para su trabajo, hija mía, estas especulaciones no son de ningún provecho.

CECILY, *sonriendo*

Vaya, ahí viene el reverendo Chasuble cruzando el jardín.

MISS PRISM, *levantándose y saliendo a su encuentro*

¡Reverendo Chasuble! ¡Es un verdadero placer!

Entra el canónigo CHASUBLE.

CHASUBLE

¿Y cómo estamos esta mañana? Espero que bien, ¿verdad, Miss Prism?

CECILY

Miss Prism estaba quejándose hace un momento de una ligera jaqueca. Creo que le sentaría muy bien dar una vueltecita con usted por el parque, reverendo.

4. Cecily se sobresalta porque el término inglés *abandoned* puede significar, además de 'extraviado' o 'abandonado', 'licencioso', 'depravado'.

MISS PRISM
Cecily, yo no he mencionado nada sobre una jaqueca.

CECILY
No, querida Miss Prism, lo sé, pero mi instinto me ha dicho que le dolía la cabeza. Estaba pensando en eso, y no en mi lección de alemán, cuando ha llegado el reverendo.

CHASUBLE
Espero, Cecily, que no sea usted poco aplicada.

CECILY
Oh, mucho me temo que lo soy.

CHASUBLE
Es extraño. Si yo tuviera la suerte de ser alumno de Miss Prism, estaría pendiente de sus labios. (MISS PRISM *lo fulmina con la mirada*). Hablaba metafóricamente. Una metáfora tomada de las abejas. ¡Ejem! Supongo que Mr. Worthing aún no ha vuelto de la ciudad.

MISS PRISM
No lo esperamos hasta el lunes por la tarde.

CHASUBLE
Ah, sí, siempre le gusta pasar el domingo en Londres. No es de los que solo piensan en pasarlo bien, como parece que ocurre, según dicen, con ese desdichado joven hermano suyo. Pero no debo distraer a Egeria y a su alumna más tiempo.

Miss Prism
¿Egeria? Me llamo Leticia[5], reverendo.

Chasuble, *haciendo una inclinación*
Solo una simple alusión clásica, tomada de los autores paganos. Las veré a las dos en el oficio de vísperas[6], ¿verdad?

Miss Prism
Creo, querido reverendo, que iré a dar un paseo con usted. Acabo de darme cuenta de que, después de todo, sí tengo jaqueca, y me sentará bien andar un poco.

Chasuble
Encantado, Miss Prism, encantado. Podemos ir hasta las escuelas y volver.

Miss Prism
Sería delicioso. Cecily, estudie su Economía Política en mi ausencia. El capítulo sobre la Caída de la Rupia puede saltárselo[7]. Provoca emociones demasiado fuertes para

5. Leticia significa 'alegría' en latín; el término aplicado a Miss Prism ofrece un contraste cómico. En cuanto a Egeria, es una ninfa de Roma, presentada en origen como diosa de las fuentes ligada al culto de Diana. Fue consejera –esposa, o acaso amiga– del piadoso Numa Pompilio, segundo rey legendario de Roma, a quien en sus citas nocturnas dictó su sistema político y religioso, enseñándole oraciones y conjuros. Egeria vertió tantas lágrimas por la muerte de Numa que fue transformada en fuente. Miss Prism no capta la alusión del reverendo Chasuble.
6. En la liturgia cristiana, oficio religioso en el que se cantaban salmos del Antiguo Testamento; tenía lugar después de nona (media tarde) y solía cantarse hacia el anochecer.
7. La rupia, moneda base del Imperio Británico en la India, tenía desde 1873 una cotización muy fluctuante que preocupaba tanto al gobierno

una joven. Hasta esos problemas monetarios tienen su lado melodramático.

CHASUBLE

¿Estudia usted Economía Política, Cecily? ¡Es maravilloso cómo educan a nuestras jóvenes hoy día! Supongo que sabe usted todo sobre las relaciones entre Capital y Trabajo.

CECILY

Mucho me temo que sobre eso no sé nada. Todo lo que sé tiene que ver con las relaciones entre Capital y Ociosidad, y solo por mis observaciones. Así que no creo que sea cierto.

MISS PRISM

¡Cecily, eso suena a socialismo! Y supongo que usted sabe a dónde conduce el socialismo[8].

CECILY

¡Oh!, sí, Miss Prism, lleva a la Racionalidad en el vestir[9]. Y pienso que, cuando una mujer se viste racionalmente, la tratan racionalmente. Y bien que lo merece.

como a los financieros. Las palabras de Miss Prism se explican porque a las jóvenes no se les enseñaba economía política.

8. El socialismo era el nuevo fantasma que paseaba por Europa haciendo temblar las estructuras de los *establishments* europeos. Al revés de Miss Prism, que las odia, las nuevas ideas políticas que marcan la segunda mitad del siglo XIX encontraron en Wilde una acogida esperanzada sin que por ello dejara de mantener reservas sustentadas por su individualismo. *El alma del hombre bajo el socialismo* es el libro de Wilde más explícito sobre sus ideas políticas.

9. Wilde recuerda, por boca de Cecily, su colaboración en la revista *Lady World,* que, siendo redactor jefe, transformó en *The Woman's World;*

CHASUBLE
¡Qué cordero tan testarudo! ¡Querida niña!

MISS PRISM, *sonriendo*
Que a veces da serios problemas.

CHASUBLE
Cómo le envidio esas tribulaciones.

Se aleja por el jardín con MISS PRISM.

CECILY, *recogiendo los libros y tirándolos sobre la mesa*
¡Horrible Economía Política! ¡Horrible Geografía! ¡Horrible, horrible alemán!

Entra MERRIMAN *con una tarjeta en una bandeja.*

MERRIMAN
Mr. Ernest Worthing acaba de llegar de la estación. Ha traído su equipaje con él.

CECILY *coge la tarjeta y la lee*
«Mr. Ernest Worthing, B4, The Albany, W.». ¡El hermano del tío Jack! ¿Le ha dicho que Mr. Worthing estaba en la ciudad?

en esa publicación aparecieron algunos artículos suyos sobre el tema, en especial el titulado «Más ideas radicales sobre la Reforma del Vestir.»

MERRIMAN

Sí, señorita. Me ha parecido muy contrariado. Le mencioné que usted y Miss Prism se hallaban en el jardín. Ha dicho que estaba ansioso por hablar con usted un momento a solas.

CECILY, *para sí*

No creo que a Miss Prism le gustaría que me viera a solas con él. Por eso será mejor recibirlo ahora mismo, antes de que vuelva. (*A* MERRIMAN). Ruegue a Mr. Ernest Worthing que venga aquí. Lo mejor, creo yo, sería que diga usted al ama de llaves que prepare una habitación para él.

MERRIMAN

Ya he mandado llevar su equipaje a la Habitación Azul, señorita: la que está junto a la de Mr. Worthing.

CECILY

¡Oh! Perfecto. (MERRIMAN *se retira*). Nunca hasta ahora he conocido a nadie realmente depravado. Me da un poco de miedo. Temo tanto que se parezca a todo el mundo. *(Entra* ALGERNON, *muy alegre y con desenvoltura).* ¡Y se parece!

ALGERNON, *quitándose el sombrero*

Usted tiene que ser mi pequeña prima Cecily, estoy seguro.

CECILY

Comete usted un extraño error. No soy pequeña. De hecho, creo que soy más alta de lo corriente para mi edad.

(ALGERNON *queda bastante desconcertado*). Pero sí, soy su prima Cecily. Y usted, según veo en su tarjeta, es el hermano del tío Jack, mi primo Ernest, mi depravado tío Ernest.

ALGERNON
¡Oh!, en realidad no soy nada depravado, prima Cecily. No debe creer que soy depravado.

CECILY
Si no lo es, nos ha estado engañando a todos de una manera muy imperdonable. Ha hecho creer a tío Jack que era una malísima persona. Espero que no sea de los que llevan una doble vida, fingiendo ser depravado cuando en realidad siempre es irreprochable. Sería hipocresía.

ALGERNON, *mirándola estupefacto*
¡Bueno!, sí, un tanto atolondrado sí que he sido.

CECILY
Me alegra oír eso.

ALGERNON
De hecho, ya que saca el tema, me he portado muy mal en la medida de mis modestos medios.

CECILY
No me parece que sea para estar orgulloso, aunque no me cabe duda de que ha debido de ser muy agradable.

ALGERNON
Es mucho más agradable estar aquí en su compañía.

CECILY

Lo que no llego a comprender es cómo está usted aquí. El tío Jack le mandó ayer un telegrama al Albany para decirle que lo vería por última vez a las seis. Me permite leer todos los telegramas que le envía. Algunos los sé de memoria.

ALGERNON

Lo cierto es que recibí el telegrama demasiado tarde. Luego no pude encontrarlo en el Club, y el portero me dijo que, en su opinión, había venido aquí. Por eso, como es natural, lo seguí al saber que quería verme.

CECILY

No volverá hasta el lunes por la tarde.

ALGERNON

Es una gran contrariedad. Estoy obligado a volver el lunes por la mañana en el primer tren. Tengo una cita de negocios a la que estoy deseando... ¡faltar!

CECILY

¿Y no podría faltar estando en otro sitio que no sea Londres?

ALGERNON

No: la cita es en Londres.

CECILY

Bien, sé, por supuesto, lo importante que es faltar a una cita de negocios si se quiere conservar algún sentido de la belleza de la vida, pero sigo pensando que lo mejor sería esperar la llegada del tío Jack. Sé que quiere hablarle sobre su emigración.

ALGERNON

¿Sobre mi qué?

CECILY

Sobre su emigración. Ha ido a comprarle a usted el equipo.

ALGERNON

Desde luego, no permitiré que Jack me compre mi equipo. No tiene el menor gusto para las corbatas.

CECILY

No creo que vaya a necesitar corbatas. El tío Jack lo manda a Australia[10].

ALGERNON

¡A Australia! Antes la muerte.

CECILY

Escuche, el miércoles por la noche, en la cena, dijo que tendría usted que elegir entre este mundo, el otro mundo, y Australia.

10. Australia fue, hasta mediados del siglo XIX, el lugar de deportación de criminales y ladrones de Inglaterra y sus colonias; en 1860 se puso fin a esa práctica que, en el imaginario británico, asociaba el nombre de la isla al castigo del crimen; desde ese año de 1860, Gran Bretaña alentó la emigración hacia Australia de las capas más desfavorecidas con un doble fin: luchar contra la superpoblación e incrementar la presencia británica en las colonias presentes o pasadas; en la última década del siglo, por ejemplo, cien mil británicos se instalaron anualmente en los Estados Unidos.

ALGERNON
¡Ni hablar! Las noticias que he recibido de Australia y del otro mundo no son particularmente alentadoras. Este mundo es bastante bueno para mí, prima Cecily.

CECILY
Sí, pero ¿es usted bastante bueno para él?

ALGERNON
Me temo que no. Por eso quiero que usted me ayude a reformarme. Si le parece bien, podría convertir eso en su misión, prima Cecily.

CECILY
¿Cómo se atreve a sugerir que yo pueda tener una misión?

ALGERNON
Le pido perdón, pero pensaba que, en nuestros días, todas las mujeres tenían algún tipo de misión que cumplir.

CECILY
¡Las hembras sí! ¡No las mujeres! Además, no tengo tiempo para reformarlo esta tarde.

ALGERNON
En tal caso, ¿le importaría que esta tarde me reforme yo solo?

CECILY
Sería un poco quijotesco de su parte. Pero creo que debería intentarlo.

ALGERNON
Es lo que voy a hacer. Ya me siento mejor.

CECILY
Pues parece estar un poco peor.

ALGERNON
Es que tengo hambre.

CECILY
¡Qué cabeza la mía! Debería haber recordado que, cuando uno pretende empezar una vida enteramente nueva, necesita alimentación sana y regular. Miss Prism y yo hemos comido a las dos un poco de cordero asado.

ALGERNON
Me temo que sea demasiado exquisito para mí.

CECILY
Al tío Jack, cuya salud se ha visto tristemente minada por las vigilias que usted le ha hecho pasar en la ciudad, su médico de Londres le ordenó tomar, a las doce en punto, canapés de fuagrás con champán de 1889. No sé si a usted ese régimen de enfermo le sentaría bien.

ALGERNON
¡Oh!, sabré contentarme con champán del 89.

CECILY
Me alegra ver que tiene usted unos gustos tan sencillos. Ahí tiene el comedor.

ALGERNON

Gracias. ¿Puedo ponerme antes una flor en el ojal? Nunca tengo el menor apetito si antes no llevo una flor en el ojal.

CECILY

¿Una Mariscal Niel[11]?

Coge las tijeras.

ALGERNON

No, prefiero una rosa rosa.

CECILY

¿Por qué?

Corta una flor.

ALGERNON

Porque usted es como una rosa rosa, prima Cecily.

CECILY

No me parece muy correcto de su parte hablarme así. Miss Prism nunca me dice esas cosas.

ALGERNON

Entonces Miss Prism es una vieja dama corta de vista. (CECILY *le pone la rosa en el ojal*). Es usted la chica más bonita que he visto en mi vida.

11. Tipo de rosa amarilla introducido en Inglaterra por el mariscal francés Adolphe Niel (1802-1869) en los años 1860.

CECILY

Miss Prism dice que la belleza es una trampa.

ALGERNON

Una trampa en la que todo hombre sensato querría dejarse coger.

CECILY

Oh, no creo que me guste atrapar a un hombre sensato. No sabría de qué hablar con él.

Entran en la casa. MISS PRISM *y el reverendo* CHASUBLE *vuelven.*

MISS PRISM

Vive usted demasiado solo, querido reverendo Chasuble. Debería casarse. Soy capaz de comprender a un misántropo..., ¡a un mujerántropo, nunca!

CHASUBLE, *con un estremecimiento de erudito*

Créame, no merezco un neologismo como ese. Tanto los preceptos como la práctica de la Iglesia Primitiva eran claramente hostiles al matrimonio.

MISS PRISM, *en tono sentencioso*

Esa es, obviamente, la razón por la que la Iglesia Primitiva no ha sobrevivido hasta nuestros días. Y usted no parece darse cuenta, mi querido reverendo, de que, empeñándose en permanecer soltero, un hombre se convierte en una permanente tentación pública. Los hombres deberían tener más cuidado; ese dichoso celibato termina llevando al sexo débil a su perdición.

CHASUBLE

Pero cuando un hombre se casa, ¿no tiene el mismo atractivo?

MISS PRISM

Ningún hombre casado tiene atractivo, excepto para su mujer.

CHASUBLE

Y a menudo, según he oído decir, ni siquiera para ella.

MISS PRISM

Eso depende de las afinidades intelectuales de la mujer. Siempre se puede confiar en la edad madura. Las mujeres jóvenes están verdes. *(El reverendo* CHASUBLE *se sobresalta).* Hablo como horticultora. Mi metáfora está sacada de la fruta. Pero ¿dónde está Cecily?

CHASUBLE

Quizá nos ha seguido hasta las escuelas.

JACK *entra lentamente por el fondo del jardín. Va vestido de riguroso luto, con un crespón en el sombrero y guantes negros.*

MISS PRISM

¡Mr. Worthing!

CHASUBLE

¡Mr. Worthing!

MISS PRISM
Esto sí es que una sorpresa. No lo esperábamos hasta el lunes por la tarde.

JACK, *estrechando la mano de* MISS PRISM *con un ademán trágico*
He vuelto antes de lo que pensaba. ¿Está usted bien, reverendo Chasuble?

CHASUBLE
Espero, querido Mr. Worthing, que ese luto no anuncie alguna terrible calamidad.

JACK
Mi hermano.

MISS PRISM
¿Más deudas vergonzosas, alguna nueva locura?

CHASUBLE
¿Sigue entregado a su vida de placer?

JACK, *moviendo la cabeza*
¡Muerto!

CHASUBLE
¿Su hermano Ernest muerto?

JACK
Y bien muerto.

MISS PRISM

¡Qué gran lección para él! Espero que sepa aprovecharla.

CHASUBLE

La muerte es la herencia de todos nosotros, Miss Prism. No deberíamos mirarla como un castigo individual, sino más bien como una providencia general. Sin ella la vida estaría incompleta... Mr. Worthing, le doy mi más sincero pésame. Al menos le queda el consuelo de saber que siempre ha sido usted el más generoso e indulgente de los hermanos.

JACK

¡Pobre Ernest! Tenía muchos defectos, pero es un golpe triste, muy triste.

CHASUBLE

Muy triste, cierto. ¿Ha estado a su lado en el último momento?

JACK

No. Ha muerto en el extranjero; en París exactamente. Anoche recibí un telegrama del director del Grand Hôtel[12].

CHASUBLE

¿Mencionaba la causa de la muerte?

12. El Grand Hôtel, en la época el más lujoso de París, y en el que Wilde estuvo en noviembre y diciembre de 1891, se hallaba en el Boulevard des Capucines.

JACK
Un fuerte resfriado, al parecer.

MISS PRISM
Todo hombre recoge lo que ha sembrado.

CHASUBLE, *alzando la mano*
¡Caridad, querida Miss Prism, un poco de caridad! Ninguno de nosotros es perfecto. Yo mismo, por ejemplo, soy particularmente sensible a las corrientes de aire. ¿El entierro tendrá lugar aquí?

JACK
No. Al parecer había expresado el deseo de ser enterrado en París.

CHASUBLE
¿En París? *(Mueve la cabeza).* Me temo que eso dice mucho sobre el desvarío de su estado mental en los últimos momentos. Deseará usted, sin duda, que haga alguna discreta alusión a esa aflictiva tragedia familiar el próximo domingo. (JACK *le estrecha convulsivamente la mano*). Mi sermón sobre el significado del maná en el desierto puede adaptarse a cualquier circunstancia, sea alegre o, como en el presente caso[13], dolorosa. *(Todos suspiran).* Lo he predicado en las fiestas de las cosechas, en bautizos,

13. Alusión al Libro del Éxodo 16, en el que Yahvé envía a los judíos en el desierto el alimento milagroso del maná. Líneas más abajo, Wilde dudó en el nombre de esa Sociedad para la Prevención del Descontento entre las Clases Superiores antes de llegar a este: en el manuscrito figura «Asociación contra el Descontento de las Clases Bajas»; y, en el libreto que se manejó en los ensayos para el estreno de la obra, «Crueldad contra los niños».

confirmaciones, en días de mortificación y en días de gozo. La última vez que lo pronuncié fue en la catedral, como un sermón de caridad a beneficio de la Sociedad para la Prevención del Descontento entre las Clases Superiores. Al obispo, que estaba presente, lo impresionaron mucho algunas de las analogías que hice.

JACK

¡Ah!, por cierto, eso me recuerda, reverendo Chasuble, que ha mencionado usted los bautizos. Supongo que sabe usted bautizar como es debido. *(El reverendo* CHASUBLE *lo mira estupefacto).* Quiero decir que estará usted bautizando continuamente, ¿no?

MISS PRISM

Ese es, y lamento decirlo, uno de los deberes más frecuentes del reverendo en esta parroquia. Más de una vez he hablado a las clases indigentes sobre el tema. Pero parecen ignorar hasta la noción misma de mesura.

CHASUBLE

La Iglesia no rechaza a ninguno de sus pequeños, Miss Prism. En cada niño hay un santo en potencia. Pero ¿está usted interesado en algún niño en particular, Mr. Worthing? Su hermano, según creo, no estaba casado, ¿verdad?

JACK

Oh, no, no lo estaba.

MISS PRISM, *amargamente*

La gente que vive solo para el placer no suele estarlo.

Jack

Pero no es para ningún niño, querido reverendo. Me encantan los niños. ¡No! A decir verdad me gustaría que me bautizara esta tarde, si no tiene nada mejor que hacer.

Chasuble

Pero probablemente, Mr. Worthing, usted ya debe de estar bautizado.

Jack

No recuerdo nada sobre ese asunto.

Chasuble

Pero ¿tiene serias dudas al respecto?

Jack

Las más serias del mundo. Determinadas circunstancias que no necesito mencionar ahora, y que están relacionadas con mi nacimiento y mi infancia, me hacen pensar que no se preocuparon mucho de mí. En cualquier caso, no se ocuparon de mí como se debe. Naturalmente, no sé si la idea de bautizarme le causa alguna molestia, o si piensa que ahora ya soy demasiado viejo.

Chasuble

¡Oh!, no soy en absoluto un pedobaptista[14] fanático. La aspersión, e incluso la inmersión de los adultos, eran una práctica corriente en la Iglesia Primitiva

14. Neologismo creado sobre «anabaptista»; pedobaptista significa etimológicamente «el que bautiza a los niños». Los anabaptistas rechazaban el bautismo de los recién nacidos y abogaban por el bautismo en la edad adulta.

JACK

¡Inmersión! No querrá usted decir que...

CHASUBLE

¡No tenga ningún miedo! La aspersión puede ser suficiente, y creo incluso que aconsejable. Tenemos un tiempo tan caprichoso. ¿A qué hora desearía celebrar la ceremonia?

JACK

Oh, podría pasarme a eso de las cinco, si le viene bien.

CHASUBLE

¡Perfecto, perfecto! Precisamente a esa hora tengo que celebrar dos ceremonias iguales. Un caso de gemelos nacidos hace poco en una de las chozas que hay junto a su finca. Son del pobre Jenkins, el carretero, un hombre que trabaja duro.

JACK

¡Oh!, no me parece muy divertido bautizarme en compañía de otros niños. Tendría algo de pueril. ¿Podría ser a las cinco y media?

CHASUBLE

¡Estupendo! ¡estupendo! *(Saca su reloj).* Y ahora, querido Mr. Worthing, no quiero molestar más tiempo en una casa en duelo. Solo querría suplicarle que no se deje abatir demasiado por el peso del dolor. Lo que nos parece una prueba amarga es a menudo una bendición disfrazada.

Miss Prism

A mí esta me parece una bendición cuya evidencia salta a la vista.

Entra Cecily, *que viene de la casa.*

Cecily

¡Tío Jack! Oh, cuánto me alegra verlo de vuelta. Pero ¡qué ropa tan horrible lleva! Vaya ahora mismo a cambiarse.

Miss Prism

¡Cecily!

Chasuble

¡Hija mía! ¡Hija mía!

Cecily *avanza hacia* Jack; *este la besa en la frente con aire melancólico.*

Cecily

¿Qué pasa, tío Jack? ¡Alégrese! Parece como si le dolieran las muelas, y yo tengo una sorpresa para usted. ¿A que no adivina quién está en el comedor? ¡Su hermano!

Jack

¿Quién?

Cecily

Su hermano Ernest. Hará media hora que ha llegado.

JACK

¡Qué disparate! Yo no tengo ningún hermano.

CECILY

Oh, no diga eso. Por mal que se haya portado con usted en el pasado, sigue siendo su hermano. No puede ser usted tan cruel como para renegar de él. Voy a decirle que venga. Y usted le estrechará la mano, ¿verdad, tío Jack?

Vuelve a entrar corriendo en la casa.

CHASUBLE

Estas sí que son noticias alegres. Ese telegrama de París no parece ser más que una broma algo cruel hecha por alguien que quería jugar con sus sentimientos.

MISS PRISM

Cuando todos ya nos habíamos resignado a su pérdida, su repentino regreso me parece particularmente doloroso.

JACK

¿Que mi hermano está en el comedor? No sé qué significa todo esto. Me parece perfectamente absurdo.

Entran ALGERNON *y* CECILY *cogidos de la mano. Avanzan lentamente hacia* JACK.

JACK

¡Santo cielo!

Hace un gesto a ALGERNON *para que se vaya.*

ALGERNON

Hermano John, he venido de Londres para decirte que lamento profundamente todos los disgustos que te he dado, y que trataré de llevar una vida mejor en el futuro.

JACK *lo fulmina con la mirada y no le estrecha la mano.*

CHASUBLE, *a* MISS PRISM

Hay bondad en este joven. Parece sinceramente arrepentido.

MISS PRISM

No me gustan nada estas conversiones repentinas. Son cosa de disidentes. Huelen al laxismo de los inconformistas[15].

CECILY

Tío Jack, ¿no se negará a estrechar la mano de su propio hermano?

JACK

Nada podrá decidirme a estrechar su mano. Su venida aquí me parece una vergüenza. Él sabe muy bien por qué.

CHASUBLE

Joven, realmente se ha librado usted por los pelos. Espero que le sirva de lección. Cuando usted ha entrado, estábamos lamentando su muerte.

15. Los inconformistas *(unconformist)* rechazan las reglas, preceptos y rituales de la Iglesia anglicana, la oficial de Inglaterra y de Escocia.

ALGERNON

Sí, ya veo que Jack lleva un traje nuevo. No le sienta muy bien. Y ha elegido mal la corbata.

CECILY

Tío Jack, sea bueno. En todo ser humano hay algo bueno. Ernest acaba de hablarme de su pobre amigo enfermo, Mr. Bunbury, al que visita con tanta frecuencia. Y seguro que algo bueno debe de haber en alguien tan solícito con un enfermo, y que deja los placeres de Londres para sentarse junto al lecho del dolor.

JACK

¡Oh!, le ha estado hablando de Bunbury, ¿verdad?

CECILY

Sí, me ha contado todo sobre ese pobre Mr. Bunbury y su terrible estado de salud.

JACK

¡Bunbury! Pues no quiero que vuelva a hablarle de Bunbury ni de nada. ¡Esto es para volverse completamente loco!

CHASUBLE

Mr. Worthing, su hermano le ha sido devuelto inesperadamente gracias a los misteriosos decretos de la Providencia, que parece desear su reconciliación. Y, en verdad, es bueno que los hermanos vivan como amigos.

ALGERNON

Admito, desde luego, que toda la culpa es mía. Pero debo decir que la frialdad de mi hermano John hacia mí me resulta particularmente dolorosa. Esperaba un recibimiento más caluroso, considerando sobre todo que es la primera vez que vengo aquí.

CECILY

Tío Jack, si no estrecha la mano de Ernest nunca se lo perdonaré.

JACK

¿Nunca me lo perdonará?

CECILY

¡Nunca, nunca, nunca!

JACK

Supongo entonces que debo hacerlo. *(Le estrecha la mano mientras lo fulmina con la mirada).* ¡Pequeño canalla! Tienes que irte de este lugar cuanto antes. Aquí no permitiré el menor bunburismo.

CHASUBLE

Qué agradable ver una reconciliación tan perfecta, ¿verdad? Hoy, querida niña, ha hecho usted una buena acción.

MISS PRISM

Guardémonos de hacer juicios prematuros.

Entra MERRIMAN.

MERRIMAN

He puesto las cosas de Mr. Ernest en la habitación contigua a la suya, señor. Supongo que he hecho bien, ¿verdad?

JACK

¿Qué?

MERRIMAN

El equipaje de Mr. Ernest, señor. He deshecho las maletas y he dejado todo en la habitación contigua a la suya.

JACK

¿Su equipaje?

MERRIMAN

Sí, señor. Tres maletas, un neceser de viaje, dos sombrereras y una cesta grande de merienda.

ALGERNON

Temo no poder quedarme más de una semana esta vez.

MERRIMAN, *a* ALGERNON

Perdóneme, señor, pero hay un caballero de cierta edad que desea verlo. Acaba de llegar de la estación en un coche de alquiler.

Le tiende una tarjeta en una bandeja.

ALGERNON

¿Verme a mí?

MERRIMAN
Sí, señor.

ALGERNON *lee la tarjeta*
Parker y Gribsby, abogados. Nunca he oído hablar de ellos. ¿Quiénes son?

JACK *coge la tarjeta*
Parker y Gribsby. Me pregunto quiénes pueden ser. Supongo, Ernest, que han venido a verte por algún asunto relacionado con tu amigo Bunbury. Quizá Bunbury quiere hacer testamento y desea que seas su albacea. (*A* MERRIMAN). Haga pasar inmediatamente a ese caballero.

MERRIMAN
Muy bien, señor.

MERRIMAN *sale.*

JACK
Espero, Ernest, poder confiar en la declaración que me hiciste la semana pasada cuando terminé de pagar todas tus facturas. Espero que no tengas cuentas pendientes de ninguna clase.

ALGERNON
No tengo deudas de ningún tipo, querido Jack. Gracias a tu generosidad, no debo ni un penique, salvo unas cuantas corbatas, según creo.

JACK
Me alegra sinceramente oír eso.

Entra MERRIMAN.

MERRIMAN
Mr. Gribsby.

MERRIMAN *sale. Entra* GRIBSBY.

GRIBSBY, *al* REVERENDO CHASUBLE
¿Mr. Ernest Worthing?

MISS PRISM
Este es Mr. Ernest Worthing.

GRIBSBY
¿Mr. Ernest Worthing?

ALGERNON
Sí.

GRIBSBY
¿Que vive en el Albany, apartamento B 4?

ALGERNON
Sí, esa es mi dirección.

GRIBSBY
Lo siento mucho, señor, pero soy portador de una orden judicial de veinte días de cárcel contra usted por la de-

manda presentada por el Hotel Savoy Co. Limited por impago de una deuda de setecientas sesenta y dos libras, catorce chelines y dos peniques.

ALGERNON

¿Contra mí?

GRIBSBY

Sí, señor.

ALGERNON

¡Qué disparate más absurdo! Nunca ceno en el Savoy cuando pago yo. Siempre ceno en Willis. Es mucho más caro. No debo un solo penique al Savoy.

GRIBSBY

Según lo que aquí figura, el requerimiento le fue notificado personalmente en el Albany el 27 de mayo. Se dictó sentencia contra usted por incomparecencia el 5 de junio. Desde entonces le hemos escrito no menos de quince veces, sin recibir nunca respuesta. En interés de nuestros clientes no nos ha quedado más alternativa que conseguir una orden de arresto contra su persona.

ALGERNON

¡De arresto! ¿Qué diablo quiere decir con arresto? No tengo la menor intención de irme a ninguna parte. Voy a pasar aquí una semana. Me quedo aquí con mi hermano. Si piensa que voy a volver a la ciudad justo cuando acabo de llegar, está totalmente equivocado.

GRIBSBY

Yo no soy más que un simple abogado. No ejerzo ningún tipo de violencia contra las personas. El oficial del juzgado, cuya función es arrestar a la persona del deudor, nos espera fuera en la calesa. Tiene en esta clase de asuntos una experiencia considerable. Por eso siempre recurrimos a sus servicios. Pero no dudo de que usted preferirá pagar la factura.

ALGERNON

¿Pagarla? ¿Y cómo diablos quieren que lo haga? ¿No supondrá usted que tengo dinero? ¡Qué idiota es usted! Ningún *gentleman* lleva nunca dinero encima.

GRIBSBY

Según mi experiencia, suele ser la familia la que paga.

ALGERNON

Entonces, Jack, deberás pagar esa factura.

JACK

Tenga la bondad de permitirme ver el detalle de esa factura, Mr. Gribsby... *(Da la vuelta a una hoja inmensa...).* Setecientas sesenta y dos libras, catorce chelines y dos peniques desde el pasado octubre. Me veo obligado a decir que nunca he visto despilfarro tan insensato en toda mi vida.

Tiende la hoja al reverendo CHASUBLE.

MISS PRISM

¡Setecientas sesenta y dos libras en comidas! No puede haber gran cosa estimable en un joven que come tanto y tan a menudo.

CHASUBLE

¡Qué lejos estamos de la vida sobria y de los elevados pensamientos de Wordsworth[16]!

JACK

Escuche, reverendo, ¿considera usted que me incumbe de algún modo pagar esa monstruosa cuenta por mi hermano?

CHASUBLE

Estoy obligado a decir que no lo creo. Sería alentar su prodigalidad.

MISS PRISM

Todo hombre recoge lo que ha sembrado. Esa propuesta de encarcelamiento podría ser muy saludable. Lástima que solo sea por veinte días.

JACK

Comparto completamente su opinión.

ALGERNON

Mi querido amigo, ¡qué ridículo eres! Sabes de sobra que esa factura es tuya en realidad.

16. William Wordsworth (1770-1859), poeta inglés, que formó con Coleridge y Southey el grupo de los «lakistas», introductores del romanticismo en la poesía inglesa. El prólogo de su segundo libro, *Baladas líricas* (1800), es un credo lírico donde aboga por la originalidad creadora y la libre expresión de las emociones y los fantasmas de la imaginación, a la busca del «éxtasis confuso» que sienten los niños ante el misterio del mundo.

JACK
¿Mía?

ALGERNON
Sí, y lo sabes.

CHASUBLE
Si es una broma, Mr. Worthing, está fuera de lugar.

MISS PRISM
¡Qué grosera desvergüenza! Justo lo que yo esperaba de él.

CECILY
¡Y qué ingratitud! Yo no me lo esperaba.

JACK
No hay que hacer caso a lo que dice. Siempre hace lo mismo. Ahora vas a decirnos que no eres Ernest Worthing, que vive en el Albany, en el B 4. Me sorprende, al paso que van las cosas, no oírte afirmar que no eres mi hermano. ¿Por qué no lo haces?

ALGERNON
¡Oh!, no voy a hacer eso, mi querido amigo. Sería absurdo. Claro que soy tu hermano. Y por esa razón deberías pagar esa factura por mí.

JACK
Voy a decirte francamente que no tengo la menor intención de hacer nada parecido. El reverendo Chasuble, digno rector de esta parroquia, y Miss Prism, cuyo admi-

rable y sensato criterio goza de toda mi confianza, comparten la opinión de que la cárcel te haría un gran bien. Y es también lo que yo pienso.

GRIBSBY *saca su reloj*

Lamento turbar esta agradable reunión familiar, pero el tiempo apremia. Tenemos que estar en la cárcel de Holloway[17] no más tarde de las cuatro; de lo contrario, es difícil conseguir permiso para entrar. El reglamento es muy estricto.

ALGERNON

¡Holloway!

GRIBSBY

Es a Holloway adonde siempre van a parar las detenciones de este tipo.

ALGERNON

Escuche, no tengo la menor intención de que me encarcelen en los suburbios por haber cenado en el West End[18].

GRIBSBY

La factura es por comidas, no por cenas.

17. Holloway era la cárcel de los suburbios londinenses, en la que el propio Wilde sería encerrado antes de su traslado a las de Pentonville y de Reading dos meses después del estreno de *La importancia de llamarse Ernesto*.

18. Alusión al contraste entre los suburbios y la vida de la clase elegante en ese barrio residencial de Londres.

ALGERNON

Eso a mí me da igual. Lo que digo es que no tengo la intención de que me encarcelen en los suburbios.

GRIBSBY

Admito que los alrededores son de clase media; pero, por lo que se refiere a la cárcel, es elegante y está bien ventilada; no faltan, además, numerosas oportunidades para hacer ejercicio a ciertas horas concretas del día. Y si se tiene un certificado médico, que siempre es fácil de obtener, se pueden prolongar las sesiones.

ALGERNON

¡Ejercicio! ¡Santo cielo! Un *gentleman* nunca hace ejercicio. Usted no parece comprender lo que es un *gentleman*.

GRIBSBY

He conocido a tantos, señor, que temo no comprenderlos. Existen las variedades más curiosas. Fruto de haberse cultivado, sin duda. Y ahora, si no ve ningún inconveniente, señor, tenga la bondad de acompañarme.

ALGERNON, *en tono suplicante*

¡Jack!

MISS PRISM

Firmeza, por favor, Mr. Worthing.

CHASUBLE

En una ocasión como esta, cualquier debilidad estaría fuera de lugar. Sería una forma de autoengaño.

JACK

Sigo totalmente firme, y lo ignoro todo de la debilidad o de cualquier forma de autoengaño.

CECILY

¡Tío Jack! Usted tiene, según creo, un poco de dinero mío, ¿verdad? Déjeme pagar esa factura. No me gustaría que su hermano fuera a la cárcel.

JACK

Oh, eso sí que no, no puedo permitir que la pague, Cecily. Sería absurdo.

CECILY

Entonces la pagará usted, ¿verdad? Creo que no le gustaría pensar que su propio hermano está en la cárcel. Desde luego, estoy muy decepcionada con él.

JACK

Entonces, Cecily, ¿no volverá a dirigirle la palabra?

CECILY

Claro que no, a menos que él sea el primero en dirigirme la palabra. Sería muy grosero no responderle.

JACK

Bien, ya me cuidaré yo de que no le hable. Me cuidaré de que no hable a nadie en esta casa. Hay que aislar a este hombre. Mr. Gribsby...

GRIBSBY

Sí, señor.

JACK

Pagaré esa factura por mi hermano. Es la última factura que pienso pagar por él. ¿A cuánto asciende?

GRIBSBY

A setecientas sesenta y dos libras, catorce chelines y dos peniques. ¡Ah! Y además cinco chelines y nueve peniques del coche, que hemos alquilado para comodidad del cliente.

JACK

Muy bien.

MISS PRISM

Debo decir que semejante generosidad me parece una completa insensatez.

CHASUBLE, *con un revés de la mano*

El corazón tiene su sabiduría lo mismo que la cabeza, Miss Prism.

JACK

A nombre de Parker y Gribsby, supongo.

GRIBSBY

Sí, señor. Si tiene la amabilidad de no cruzar el cheque. Gracias. (*Al reverendo* CHASUBLE). Que tenga un buen día. *(El reverendo* CHASUBLE *se inclina fríamente).* Que tenga un buen día. (MISS PRISM *se inclina fríamente*). (*A* ALGERNON). Espero tener el placer de volver a verlo.

ALGERNON

Yo sinceramente espero que no. Qué ideas tan extrañas tiene usted sobre el tipo de sociedad que quiere frecuentar un *gentleman*. Ningún caballero desea conocer a un procurador judicial que quiere encerrarlo en una cárcel de los suburbios.

GRIBSBY

Seguro, seguro.

ALGERNON

A propósito, Gribsby: Gribsby, usted no va a volver a la estación en mi coche. Ese coche es mío. Fue alquilado para mi comodidad. Tendrá usted que volver a pie a la estación. Además, le sentará muy bien. Los procuradores no caminan bastante. No conozco un solo procurador que haga suficiente ejercicio. Por regla general se pasan el día sentados en despachos que huelen a cerrado sin preocuparse de su trabajo.

JACK

Puede utilizar usted el coche, Mr. Gribsby.

GRIBSBY

Gracias, señor.

GRIBSBY *sale.*

CECILY

El día empieza a ponerse muy sofocante, ¿verdad, reverendo Chasuble?

CHASUBLE
Hay tormenta en el aire.

MISS PRISM
Tendrá que aclararse la atmósfera.

CHASUBLE
¿Ha leído el *Times* esta mañana, Mr. Worthing? Hay un artículo muy interesante sobre el aumento del sentimiento religioso entre los laicos.

JACK
Lo reservo para después de la cena.

Entra MERRIMAN.

MERRIMAN
El almuerzo está servido, señor.

ALGERNON
¡Ah!, es una buena noticia. Me muero de hambre.

CECILY, *interponiéndose*
Pero si usted ya ha almorzado.

JACK
¿Que ya ha almorzado?

CECILY
Sí, tío Jack. Ha tomado unos cuantos canapés de paté de fuagrás y una botellita de ese champán que le recetó a usted el médico.

JACK
¡Mi champán del 89!

CECILY
Sí. Pensé que a usted le gustaría que bebiera el mismo champán que usted.

JACK
¡Oh! Bien, si ha comido, no puede esperar que coma dos veces. Sería absurdo.

MISS PRISM
Comer dos veces al día no sería libertad. Sería libertinaje.

CHASUBLE
Hasta los filósofos paganos condenan el exceso en el comer. Aristóteles lo critica con severidad. Emplea los mismos términos que para condenar la usura.

JACK
Reverendo, ¿tiene la bondad de acompañar a las damas hasta el comedor?

CHASUBLE
Será un placer.

Va hacia la casa con MISS PRISM *y* CECILY.

JACK
Después de todo, Algy, tu bunburismo no ha tenido hoy mucho éxito. Por mi parte, no creo que sea un buen día para bunburizar.

ALGERNON

¡Oh!, como en todo, en el bunburismo hay altos y bajos. Todo iría mejor si me dejaras comer algo. Pero lo principal es que he visto a Cecily: es adorable.

JACK

Te prohíbo que hables así de Miss Cardew. No me gusta.

ALGERNON

Bueno, a mí no me gusta tu ropa. Estás totalmente ridículo con ese traje. ¿Por qué diablos no subes a cambiarte? Es completamente pueril llevar luto riguroso por una persona que va a quedarse en tu casa una semana como invitado. Yo lo llamaría grotesco.

JACK

Puedes estar seguro de que no te vas a quedar aquí toda una semana ni como invitado ni como nada. Vas a irte... en el tren de las cuatro y cinco.

ALGERNON

Estoy seguro de que no voy a dejarte solo mientras estés de luto. Sería una grave falta de amistad. Si yo estuviera de luto, supongo que te quedarías conmigo. Me parecería muy poco amable si no lo hicieras.

JACK

De acuerdo, ¿te irás si me cambio de ropa?

ALGERNON

Sí, a condición de que no tardes mucho. Nunca he visto a nadie que tarde tanto en vestirse, y con resultados tan pobres.

JACK

Bien, en cualquier caso es mejor que ir siempre demasiado bien vestido como tú.

ALGERNON

Si de vez en cuando me visto demasiado bien, lo compenso siendo siempre inmensamente bien educado.

JACK

Tu vanidad es ridícula, tu conducta un ultraje, y tu presencia en mi jardín totalmente absurda. De cualquier modo, tienes que coger el tren de las cuatro y cinco, y espero que tengas un viaje agradable de vuelta a la ciudad. Esta vez, bunburizar, como tú lo llamas, no ha sido para ti un gran éxito.

Entra en la casa.

ALGERNON

Pienso que ha sido un gran éxito. Me he enamorado de Cecily, y eso es lo que cuenta. Todo eso está muy bien, pero resulta imposible bunburizar cuando se tiene hambre. Creo que me uniré a ellos para el almuerzo.

Se dirige hacia la puerta. Entra CECILY.

CECILY

Le he prometido al tío Jack que no volveré a dirigirle la palabra, a menos que usted me haga una pregunta. No llego a comprender por qué no me hace una pregunta de lo que sea. Me temo que no sea usted tan intelectual como yo creía al principio.

ALGERNON

Cecily, ¿no puedo ir a comer?

CECILY

Me sorprende que se atreva a mirarme a la cara después de lo que ha hecho.

ALGERNON

Me encanta mirarle a la cara.

CECILY

Pero ¿por qué intentó usted que el pobre tío Jack pagara su horrible factura? Me parece algo imperdonable de su parte.

ALGERNON

Lo sé; pero lo cierto es que tengo una memoria espantosa. Había olvidado por completo esas setecientas sesenta y dos libras, catorce chelines y dos peniques que debo al Savoy.

CECILY

Bueno, confieso que me alegra oírle decir que tiene mala memoria. Una buena memoria no es una cualidad que las mujeres admiren demasiado en los hombres.

ALGERNON
Cecily, me muero de hambre.

CECILY
No comprendo cómo puede tener tanta hambre con todo lo que ha comido desde el pasado octubre.

ALGERNON
¡Oh!, esas cenas eran para el pobre Bunbury. Una cena muy tarde, por la noche, es lo único que su médico le permite.

CECILY
Bien, no me extraña que ese tal Mr. Bunbury esté siempre tan enfermo si cena por seis o por ocho todas las noches de la semana.

ALGERNON
Es lo que siempre le digo. Pero parece pensar que sus médicos saben más que yo. Es perfectamente estúpido cuando se trata de médicos.

CECILY
Desde luego no quiero que se muera usted de hambre, por eso he dicho al mayordomo que le traiga algo de comer.

ALGERNON
¡Es usted un perfecto ángel, Cecily! ¿No puedo volver a verla antes de irme?

CECILY

Miss Prism y yo estaremos aquí después de comer. Por la tarde siempre doy mis clases debajo del tejo.

ALGERNON

¿No puede inventar algo para alejar a Miss Prism?

CECILY

¿Quiere decir inventar una mentira?

ALGERNON

¡Oh, no, una mentira no, por supuesto! Simplemente algo que no es del todo verdad, pero que debería serlo.

CECILY

Me temo que soy incapaz. No sabría cómo hacerlo. Nadie piensa nunca en cultivar la imaginación de las jóvenes. Es el gran defecto de la educación moderna. Naturalmente, si usted da a entender que el reverendo Chasuble está esperando a Miss Prism en alguna parte, ella iría sin duda a reunirse con él. Nunca le gusta hacerla esperar. Y tiene tan pocas oportunidades de hacerlo.

ALGERNON

¡Una sugerencia genial!

CECILY

Yo no he sugerido nada, primo Ernest. Nada me induciría a engañar a Miss Prism en lo más mínimo. Simplemente he señalado que si usted adopta cierta línea de conducta, se produciría determinado resultado.

ALGERNON
Por supuesto. Le pido perdón, prima Cecily. Así pues, aquí estaré a las tres y media. Tengo algo muy serio que decirle.

CECILY
¿Serio?

ALGERNON
Sí, muy serio.

CECILY
En tal caso, sería mejor, creo yo, que nos reunamos dentro de casa. No me gusta hablar de cosas serias al aire libre. ¡Parece tan artificial!

ALGERNON
Entonces, ¿dónde nos vemos?

Entra JACK.

JACK
El cabriolé está a la puerta. Tienes que irte. Tu sitio está junto a Bunbury. (*Mira a* CECILY). ¡Cecily! ¿No cree, Cecily, que haría usted mejor volviendo con Miss Prism y el reverendo Chasuble?

CECILY
Sí, tío Jack. Adiós, primo Ernest. Me temo que no volveré a verlo, porque tendré que estudiar mis lecciones con Miss Prism a las tres y media en el salón.

ALGERNON

Adiós, prima Cecily. Ha sido muy amable conmigo.

CECILY *sale.*

JACK

Y ahora, escúchame bien, Algy. Tienes que irte, y cuanto antes te vayas mejor. Bunbury está terriblemente enfermo, y tu sitio está a su lado.

ALGERNON

No puedo marcharme ahora. Antes tengo que comer por segunda vez. Y te complacerá oír que Bunbury está mucho mejor.

JACK

Bien, pero, sea como fuere, tienes que marcharte a las cuatro menos diez. He ordenado que preparen tu equipaje y el cabriolé pasará a recogerte.

TELÓN

Acto tercero

ESCENA: *El salón de Manor House. Se ve a* CECILY *y a* MISS PRISM *escribiendo, cada una en una mesa.*

MISS PRISM

¡Cecily! (CECILY *no responde*). ¡Cecily! ¡Otra vez está usted escribiendo en su diario! Me parece haber tenido ocasión de hablarle más de una vez sobre esa mórbida costumbre suya.

CECILY

Como siempre, lo único que hago es seguir su ejemplo, Miss Prism.

MISS PRISM

Solo cuando uno ha dominado a la perfección los principios del bimetalismo[1] tiene derecho a llevar una vida con-

1. El bimetalismo fue una doctrina económica que trató de utilizar la plata como patrón monetario, en igualdad con el oro. La idea se había

sagrada a la introspección. Antes, de ninguna manera. Debo rogarle que vuelva a su Economía Política.

CECILY

Dentro de un momento, querida Miss Prism. A decir verdad, solo he anotado los sucesos de hoy hasta las dos y cuarto, y ha sido a las dos y media cuando ha ocurrido la espantosa catástrofe.

MISS PRISM

Perdóneme, Cecily, pero eran exactamente las tres menos cuarto cuando el reverendo Chasuble ha mencionado el penoso punto de vista de la Iglesia Primitiva sobre el matrimonio.

CECILY

No me refería para nada al reverendo Chasuble. Estaba aludiendo a la trágica denuncia del pobre Mr. Ernest Worthing.

MISS PRISM

Desapruebo totalmente a Mr. Ernest Worthing. Es un joven realmente malo.

CECILY

Mucho me temo que sí. Es la única explicación que puedo encontrar a su extraño atractivo.

debatido en la Cámara de los Comunes el 28 de febrero de 1893. Para Wilde es uno de los temas de actualidad sobre el que todo el mundo, aunque carezca de conocimientos técnicos, tiene algo que decir,

MISS PRISM, *levantándose*

Cecily, permítame suplicarle que no se deje extraviar por las cualidades superficiales que ese desdichado joven pueda poseer.

CECILY

¡Ah!, créame, querida Miss Prism, las únicas que duran son las cualidades superficiales. En cuanto a la naturaleza más profunda del hombre, se descubre enseguida.

MISS PRISM

¡Hija mía!, no sé de dónde saca esas ideas. Supongo que no las encuentra en ninguno de esos libros edificantes que le he procurado.

CECILY

Pero ¿hay ideas en los libros edificantes? Me temo que no. Mis ideas yo las saco... en el jardín.

MISS PRISM

Entonces, no debería pasar tanto tiempo al aire libre. Lo cierto es, Cecily, que últimamente ha cogido usted la mala costumbre de pensar por su cuenta. Debería evitarlo. No es muy femenino... A los hombres no les gusta. (*Entra* ALGERNON). Mr. Worthing, yo creía, puedo decir incluso que esperaba, que ya hubiera vuelto a la ciudad.

ALGERNON

Mi marcha no se retrasará mucho. He venido a decirle adiós, Miss Cardew. Me han informado de que ya han pedido mi cabriolé. No me queda otra opción que regresar al frío mundo.

Cecily

Me cuesta comprender qué quiere usted decir con esa expresión, Mr. Worthing. El día, incluso para el mes de julio, es inusualmente cálido.

Miss Prism

El libertinaje tiene la capacidad de embotar los sentidos.

Algernon

No me cabe duda. Lejos de mí la idea de defender el tiempo. Creo sin embargo que es mi deber indicarle, Miss Prism, que el reverendo Chasuble está esperándola en la sacristía.

Miss Prism

¡En la sacristía! Eso parece serio. Si el reverendo ha elegido para una entrevista un lugar que evoca asociaciones tan peculiarmente solemnes, no puede haber sido con un propósito trivial. No estaría bien, en mi opinión, hacerlo esperar, ¿verdad, Cecily?

Cecily

Estaría mal, muy mal. Por lo que me han dicho, la sacristía es un lugar excesivamente húmedo.

Miss Prism

¡Cierto! No lo había pensado, y el reverendo Chasuble, por desgracia, sufre de reúma. Mr. Worthing, probablemente no volvamos a vernos. Espero que me permita expresarle mi sincera esperanza de que a partir de ahora pase una nueva página en su vida.

ALGERNON
Ya he comenzado un volumen entero, Miss Prism.

MISS PRISM
Me alegra mucho oírlo. *(Se pone un gran sombrero que no la favorece).* Y no olvide que siempre hay esperanza, incluso para los más depravados. No se quede ahí sin hacer nada, Cecily.

CECILY
No tengo la menor intención de no hacer nada. De sobra me doy cuenta de que tengo un gran trabajo duro por delante.

MISS PRISM
¡Ah!, así es como debe ser, querida.

MISS PRISM *sale.*

ALGERNON
Esta separación, Miss Cardew, es muy dolorosa.

CECILY
Siempre es doloroso separarse de alguien a quien se ha conocido hace muy poco tiempo. La ausencia de los viejos amigos se soporta con más serenidad. Pero una separación, incluso momentánea, de alguien al que acaban de presentarnos es por así decir insoportable.

ALGERNON
Gracias.

Entra MERRIMAN.

MERRIMAN
El cabriolé está a la puerta, señor.

ALGERNON *mira suplicante a* CECILY.

CECILY
Que espere cinco minutos, Merriman.

MERRIMAN
Sí, señorita.

Sale MERRIMAN.

ALGERNON
Espero, Cecily, no ofenderla si declaro con toda franqueza y abiertamente que usted me parece, en todo, la personificación visible de la perfección absoluta.

CECILY
Creo que su franqueza dice mucho en su favor, Ernest. Si me lo permite, voy a copiar sus observaciones en mi diario.

Se dirige hacia la mesa y empieza a escribir en su diario.

ALGERNON
¿De verdad lleva usted un diario? Daría cualquier cosa por mirarlo. ¿Puedo?

CECILY
Oh, no. *(Lo tapa con la mano).* Ya sabe, no es más que la relación que una muchacha muy joven hace de sus pensamientos e impresiones, y por lo tanto destinada a la publicación. Cuando aparezca en libro espero que encargue un ejemplar. Pero por favor, Ernest, siga usted. Adoro escribir al dictado. Estaba en «perfección absoluta». Puede continuar. Estoy preparada para seguir.

ALGERNON, *algo desconcertado*
¡Ejem! ¡Ejem!

CECILY
Oh, no tosa, Ernest. Cuando se dicta, hay que hablar de corrido y sin toser. Además, no sé cómo se escribe una tos.

Escribe mientras ALGERNON *habla.*

ALGERNON, *hablando muy deprisa*
Miss Cardew, desde la primera vez que he visto a las doce y media de esta tarde su admirable e incomparable belleza, no solo me he vuelto su esclavo y servidor sumiso, sino que, elevado por las alas de una ambición sin duda monstruosa, he tenido la temeridad de amarla violentamente, apasionadamente, ardientemente, desesperadamente.

CECILY, *dejando su pluma*

¡Oh!, por favor, ¿puede repetir? Habla demasiado deprisa y de manera muy confusa. Tenga la bondad de repetir.

ALGERNON

Miss Cardew, desde que usted eran las doce y media... quiero decir, desde que eran las doce y media de esta tarde, al ver por primera vez su maravillosa e incomparable belleza...

CECILY

Sí, ya he anotado todo eso.

ALGERNON, *tartamudeando*

Yo... yo... (CECILY *deja la pluma y le lanza una mirada llena de reproches*). *(Desesperadamente).* No solo me he vuelto su esclavo y servidor más sumiso, sino que, arrastrado por las alas de una ambición sin duda monstruosa, he tenido la temeridad de amarla violentamente, apasionadamente, ardientemente, desesperadamente.

Saca su reloj y lo mira.

CECILY, *después de escribir un rato, levanta la vista*

No he puesto «desesperadamente». Me parece que eso no tiene mucho sentido, ¿verdad?

Breve silencio.

ALGERNON, *retomando su impulso*

¡Cecily!

CECILY
¿Eso es el principio de un párrafo completamente nuevo? ¿O debe ir seguido de un comentario admirativo?

ALGERNON, *rápidamente y en tono romántico*
Para mí es el comienzo de una existencia totalmente nueva, y será seguido de tantos comentarios admirativos que mi vida entera será una sutil y constante sinfonía de Amor, Alabanza y Adoración combinados.

CECILY
Oh, no creo que todo eso tenga el menor sentido. Lo cierto es que los hombres nunca deberían intentar dictar nada a las mujeres. Nunca saben cómo hacerlo y, cuando lo hacen, siempre dicen cosas particularmente idiotas.

ALGERNON
No me importa saber si lo que digo es estúpido o no. Todo lo que sé es que la amo, Cecily. ¡La amo, la necesito! ¡No puedo vivir sin usted, Cecily! Usted sabe que la amo. ¿Quiere casarse conmigo? ¿Quiere ser mi mujer?

Se precipita hacia ella y pone su mano en la de CECILY.

CECILY, *levantándose*
¡Ay!, ¡por su culpa he echado un borrón! Y su propuesta de matrimonio es la primera que me han hecho en toda mi vida. Me gustaría anotarla con mucho cuidado.

Entra MERRIMAN.

MERRIMAN
El cabriolé está esperándole, señor.

ALGERNON
Dígale que vuelva la semana que viene a la misma hora.

MERRIMAN *mira a* CECILY, *que no hace ningún gesto*
Sí, señor.

CECILY
El tío Jack se enfadaría mucho si supiera que va a quedarse aquí hasta la semana que viene a la misma hora.

ALGERNON
¡Oh, me trae sin cuidado el tío Jack! Lo único que me importa en el mundo es usted. ¡La amo, Cecily! Quiere casarse conmigo, ¿verdad?

CECILY
¡Pues claro que sí, tonto! Como que hace tres meses que estamos prometidos.

ALGERNON
¿Hace tres meses?

CECILY
Tres meses menos unos días. *(Consulta su diario, pasa una página).* Sí, el jueves hará justo tres meses.

ALGERNON
No sabía nada.

CECILY

Muy poca gente se da cuenta hoy día de la situación en que se encuentran. Como suele decir Miss Prism, esta es una época muy insensata.

ALGERNON

¿Pero cómo nos prometimos?

CECILY

Pues desde la primera vez que el tío Jack nos confesó que tenía un hermano menor muy inmoral y malvado, usted se convirtió, por supuesto, en el principal tema de conversación entre Miss Prism y yo. Y, desde luego, un hombre del que se habla mucho, siempre es muy atractivo. Se acaba sintiendo que, después de todo, algo especial debe de haber en él. Confieso que fue una tontería de mi parte, pero me enamoré de usted, Ernest.

ALGERNON

¡Amor mío! ¿Y cuándo tuvo lugar efectivamente el compromiso?

CECILY

El 14 de febrero pasado[2]. Harta de que ignorase usted por completo mi existencia, decidí poner término a esa situación de un modo u otro, y, tras una larga lucha conmigo misma, le dije que sí, una noche, en el jardín. Al día siguiente compré, en su nombre, este anillito. Como

2. El 14 de febrero, día del estreno de *La importancia de llamarse Ernesto,* ya se celebraba el día de san Valentín, patrón de los enamorados.

puede ver, Ernest, siempre lo llevo, y aunque demuestra que sigue siendo tristemente derrochador, hace mucho que se lo he perdonado. Aquí, en este cajoncito, encontrará todos los pequeños regalos que yo le he hecho de vez en cuando, cuidadosamente enumerados y etiquetados. Este es el collar de perlas que me regaló usted por mi cumpleaños. Y esta la caja donde guardo todas sus cartas.

Abre la caja y saca un paquete de cartas atadas con una cinta azul.

ALGERNON

¡Mis cartas! Pero, mi deliciosa Cecily, si nunca le he escrito ninguna carta.

CECILY

No tiene ninguna necesidad de recordármelo, Ernest. Me acuerdo de sobra. Me cansé de preguntar al cartero todas las mañanas si había una carta de Londres para mí. Mi salud empezaba a resentirse por la tensión y la ansiedad. Por eso escribí por usted las cartas, y mi doncella las echaba para mí en el correo en el pueblo. Siempre escribía tres veces a la semana, y algunas veces más a menudo.

ALGERNON

Se lo ruego, Cecily, déjeme leerlas.

CECILY

¡Oh!, imposible. Se volvería demasiado presuntuoso. Las tres que me escribió cuando rompimos el compromiso son tan bellas y están tan llenas de faltas de ortografía que, aún hoy, casi no puedo leerlas sin llorar un poco.

ALGERNON

Pero ¿es que rompimos nuestro compromiso alguna vez?

CECILY

Claro que lo rompimos. El veintidós de marzo pasado[3]. Aquí puede usted ver la página si quiere. *(Le muestra su diario).* «Hoy he roto mi compromiso con Ernest. Creo que es mejor así. El tiempo sigue siendo delicioso».

ALGERNON

Pero ¿por qué diablos rompimos? ¿Qué había hecho yo? Pero si no había hecho absolutamente nada. Cecily, me duele profundamente oírle decir que rompimos. Sobre todo cuando hacía un tiempo tan delicioso.

CECILY

Con qué facilidad olvidan los hombres. Pensaba que no habría olvidado usted la brutal carta que me escribió porque yo había bailado con Lord Kelso en el baile del condado.

ALGERNON

Pero luego retiré todo lo que le había escrito, ¿verdad, Cecily?

CECILY

Claro. De otro modo yo no le habría perdonado ni habría aceptado esta pulserita de oro con un corazón de

3. Día del inicio oficial de la primavera.

turquesas y diamantes que me envió usted al día siguiente.

Le muestra la pulsera.

ALGERNON
¿Se la regalé yo, Cecily? Es muy bonita, ¿verdad?

CECILY
Sí. Tiene usted un gusto maravilloso, Ernest. Es lo que siempre he dicho hablando de usted. Es la excusa que siempre he dado para perdonarle su mala vida.

ALGERNON
¡Amor mío! Así pues, Cecily, ¡hace tres meses que estamos prometidos!

CECILY
Sí; qué deprisa pasa el tiempo, ¿verdad?

ALGERNON
No lo creo. Sin usted los días me han parecido muy largos y muy tristes.

CECILY
¡Querido muchachito romántico!... *(Le pasa los dedos por el pelo).* Espero que sus rizos sean naturales. ¿Lo son?

ALGERNON
Sí, querida, pero con un poco de ayuda ajena.

CECILY
Estoy tan contenta.

ALGERNON
No volverá nunca a romper nuestro compromiso, ¿verdad, Cecily?

CECILY
No creo que pueda romperlo ahora que le he conocido de verdad. Además, está, naturalmente, la cuestión de su nombre.

ALGERNON, *nervioso*
Sí, naturalmente.

CECILY
No debe reírse de mí, querido, pero desde que era niña siempre soñé con amar a alguien que se llamara Ernest. (ALGERNON *se levanta, también* CECILY). En ese nombre hay algo que parece inspirar absoluta confianza. Compadezco a las pobres mujeres casadas cuyos maridos no se llaman Ernest.

ALGERNON
Pero, mi querida niña, ¿quiere decir que no podría amarme si yo tuviera otro nombre?

CECILY
Pero ¿qué nombre?

ALGERNON
Oh, un nombre cualquiera... Algernon, por ejemplo.

Cecily

Pero el nombre de Algernon no me gusta.

Algernon

Bueno, mi querido, mi dulce, mi tierno amor, realmente no veo qué puede objetar usted al nombre de Algernon. No es un mal nombre en absoluto. De hecho, hasta es más bien un nombre aristocrático. La mitad de los tipos a los que llevan ante el Tribunal de Quiebras se llaman Algernon. Pero, en serio, Cecily... *(acercándose a ella)*... si mi nombre fuera Algy, ¿no me amaría usted?

Cecily, *levantándose*

Podría respetarlo, Ernest, podría admirar su carácter, pero me temo que sería incapaz de dedicarle mi atención exclusiva.

Algernon

¡Ejem! ¡Cecily! *(Cogiendo su sombrero).* Supongo que su reverendo tiene una gran experiencia en la práctica de todos los ritos y ceremonias de la Iglesia.

Cecily

Oh, sí. El reverendo Chasuble es un hombre muy instruido. Nunca ha escrito un solo libro, así que ya puede imaginar usted lo mucho que sabe.

Algernon

Tengo que verlo enseguida para un bautizo muy importante... quiero decir para un asunto de la mayor importancia.

CECILY
¡Oh!

ALGERNON
No estaré fuera más de media hora.

CECILY
Considerando que estamos prometidos desde el 14 de febrero, y que hoy es la primera vez que lo he visto, me parece bastante cruel que me deje usted sola durante un rato tan largo como media hora. ¿No podría dejarlo en veinte minutos?

ALGERNON
Estoy de vuelta en un instante.

La besa y sale apresuradamente.

CECILY
¡Qué joven tan impetuoso! Y me gusta tanto su pelo. Tengo que anotar su declaración en mi diario.

Entra MERRIMAN.

MERRIMAN
Una tal Miss Fairfax acaba de llegar para ver a Mr. Worthing. Para un asunto muy importante, según afirma Miss Fairfax.

CECILY
¿No está Mr. Worthing en su biblioteca?

MERRIMAN
Mr. Worthing salió hacia la rectoría hace ya un rato.

CECILY
A esa dama, haga el favor de pasarla aquí. Mr. Worthing no tardará sin duda en volver. Y puede usted traer té.

MERRIMAN
Bien, señorita.

Sale.

CECILY
¡Miss Fairfax! Supongo que será una de esas numerosas y ancianas damas bondadosas que trabajan con el tío Jack en Londres en alguna de sus obras filantrópicas. No acaban de gustarme las mujeres que se interesan por las obras filantrópicas. Me parece tan atrevido de su parte.

Entra MERRIMAN.

MERRIMAN
Miss Fairfax.

Entra GWENDOLEN. *Sale* MERRIMAN.

CECILY, *avanzando a su encuentro*
Permítame que yo misma me presente. Me llamo Cecily Cardew.

GWENDOLEN

¿Cecily Cardew? *(Avanzando hacia ella y estrechándole la mano).* ¡Qué nombre tan dulce! Algo me dice que vamos a ser grandes amigas. Ya me gusta usted más de cuanto podría decirle. Mis primeras impresiones de la gente nunca fallan.

CECILY

Es muy amable de su parte demostrarme tanto afecto cuando nos conocemos desde hace relativamente tan poco tiempo. Siéntese, por favor.

GWENDOLEN, *que sigue de pie*

¿Me permite llamarla Cecily?

CECILY

Con mucho gusto.

GWENDOLEN

Y usted podrá llamarme siempre Gwendolen, ¿verdad?

CECILY

Si usted quiere.

GWENDOLEN

De esta manera, todo arreglado, ¿no le parece?

CECILY

Eso espero.

Un silencio. Se sientan las dos juntas.

GWENDOLEN
Quizá sea este el momento oportuno para decirle quién soy. Mi padre es Lord Bracknell. Supongo que nunca ha oído hablar de papá, ¿no es cierto?

CECILY
No creo.

GWENDOLEN
Fuera del círculo familiar, me alegra poder decir que papá es un perfecto desconocido. Creo que así es como debe ser. El hogar me parece la esfera ideal para un hombre. Y, desde luego, cuando un hombre empieza a descuidar sus deberes domésticos, acaba volviéndose desagradablemente afeminado, ¿no le parece? Y eso no me gusta. Vuelve a los hombres tan atractivos. Cecily, mamá, cuyas ideas sobre la educación son notablemente estrictas, me ha enseñado a ser sumamente corta de vista: forma parte de su sistema; por eso espero que no le moleste que la mire con mis lentes.

CECILY
¡Oh!, en absoluto, Gwendolen. Adoro que me miren.

GWENDOLEN, *después de haber examinado cuidadosamente a* CECILY *con sus lentes*
Y qué, está aquí de visita, ¿verdad?

CECILY
¡Oh, no! Vivo aquí.

GWENDOLEN, *en tono severo*

¿De veras? Su madre, sin duda, o alguna otra pariente de avanzada edad, ¿vive aquí también?

CECILY

¡Oh, no! No tengo madre ni, a decir verdad, parientes.

GWENDOLEN

¿De veras?

CECILY

Mi querido tutor, con la ayuda de Miss Prism, tiene la ingrata tarea de ocuparse de mí.

GWENDOLEN

¿Su tutor?

CECILY

Sí, soy la pupila de Mr. Worthing.

GWENDOLEN

¡Oh! Es extraño que nunca haya mencionado que tenía una pupila. ¡Sí que es reservado! Se vuelve más interesante cada hora que pasa. No estoy segura, sin embargo, de que esta noticia me inspire sentimientos de un placer sin mezcla. *(Levantándose y dirigiéndose hacia ella).* Siento un gran afecto por usted, Cecily; ¡me gustó nada más verla! Pero debo confesarle, ahora que sé que es la pupila de Mr. Worthing, que no puedo dejar de desear que fuera usted... digamos, un poquito más vieja de lo que parece ser... y de una apariencia menos seductora. De hecho, si puedo hablarle con franqueza...

CECILY

¡Le ruego que lo haga! Creo que si se tiene algo desagradable que decir, siempre debería hacerlo con toda franqueza.

GWENDOLEN

Pues bien, hablándole con toda franqueza, Cecily, desearía que tuviera usted por lo menos cuarenta y dos años, y que fuera más fea de lo que se suele ser a su edad. Ernest tiene un carácter muy íntegro. Es la rectitud y el honor encarnados. La deslealtad sería en él tan imposible como el engaño. Sin embargo, hasta los hombres de disposiciones morales más nobles son extremadamente susceptibles a la influencia de los encantos físicos de los demás. La Historia Moderna, no menos que la Historia Antigua, nos ofrece gran número de dolorosos ejemplos de lo que le digo. De otro modo, si no fuera así, no habría quien leyese la Historia.

CECILY

Perdóneme, Gwendolen, ¿ha dicho usted Ernest?

GWENDOLEN

Sí.

CECILY

Oh, pero mi tutor no es Mr. Ernest Worthing. Es su hermano... su hermano mayor.

GWENDOLEN, *volviendo a sentarse*

Ernest nunca ha mencionado que tuviera un hermano.

CECILY
Lamento decir que durante mucho tiempo no han tenido buenas relaciones.

GWENDOLEN
¡Ah!, eso lo explica todo. Y ahora que lo pienso, nunca he oído a ningún hombre mencionar a su hermano. A la mayoría de los hombres el tema les parece desagradable. Cecily, me ha quitado usted un gran peso de encima. Casi empezaba a estar preocupada. Habría sido espantoso que alguna nube ensombreciera una amistad como la nuestra, ¿no le parece? Naturalmente, usted está segura, totalmente segura, de que su tutor no es Mr. Ernest Worthing.

CECILY
Totalmente segura. *(Un silencio).* A decir verdad, soy yo la que voy a ser su tutora.

GWENDOLEN, *inquisitiva*
¿Cómo dice?

CECILY, *más bien tímida y en tono de confidencia*
Queridísima Gwendolen, no hay ninguna razón para que haga de esto un secreto con usted. Nuestro pequeño periódico local no dejará de publicar el acontecimiento la próxima semana. Mr. Ernest Worthing y yo estamos prometidos y vamos a casarnos.

GWENDOLEN, *con mucha cortesía, levantándose*
Mi querida Cecily, creo que debe de haber un pequeño error. Mr. Ernest Worthing está prometido conmigo.

La noticia saldrá en el *Morning Post*[4] el sábado a más tardar.

CECILY, *con mucha cortesía, levantándose*
Me temo que sea usted víctima de algún malentendido. Ernest se me declaró hace exactamente diez minutos.

Muestra su diario.

GWENDOLEN *examina atentamente el diario a través de sus impertinentes*
Sí que es curioso, sí, porque me pidió que fuera su mujer ayer por la tarde, a las cinco y media. Si quiere tomarse la molestia de verificar el hecho, le ruego que lo haga. *(Saca su propio diario).* No viajo nunca sin mi diario. Siempre se debería llevar algo apasionante para leer en el tren. No sabe cuánto lamento, querida Cecily, que esto sea una decepción para usted, pero me temo que tengo prioridad.

CECILY
También a mí me apenaría infinito, querida Gwendolen, causarle el menor sufrimiento físico o mental, pero me siento obligada a decirle que, desde que Ernest se le declaró, evidentemente ha cambiado de opinión.

GWENDOLEN, *en tono meditativo*
Si el pobre muchacho ha caído en la trampa de alguna promesa insensata, consideraré mi deber rescatarlo sin tardar, y con mano firme.

4. En el *Morning Post* se anunciaban los acontecimientos de la vida social, como esponsales, bautizos y bodas; el *Times* era, en cambio, el periódico «serio».

CECILY, *pensativa y triste*

Sea cual fuere el desafortunado enredo en que se ha metido mi querido muchacho, nunca le haré ningún reproche hasta después de casarnos.

GWENDOLEN

¿Está refiriéndose a mí con eso de enredo, Miss Cardew? Es usted presuntuosa. En una ocasión como esta, decir lo que se piensa es más que un deber moral. Llega a ser un placer.

CECILY

¿Sugiere usted, Miss Fairfax, que yo he atrapado a Ernest en un compromiso? ¿Cómo se atreve? No es este el momento de llevar la máscara superficial de las buenas maneras. Yo siempre llamo al pan pan y al vino vino.

GWENDOLEN, *sarcástica*

Me alegra poder decir que yo me río del pan y del vino[5]. Es obvio que nuestras esferas sociales son totalmente distintas.

Entra MERRIMAN, *seguido por un lacayo. Trae una bandeja, un mantel y un servidor para la bandeja.* CECILY *está a punto de replicar. La*

5. Wilde utiliza la expresión inglesa: *To call a spade a spade,* equivalente a «Llamar pan al pan y vino al vino», para burlarse del realismo literario. El significado directo de esa expresión: «llamar a un azadón un azadón», permite a Gwendolen, en la réplica del texto: «Me alegra poder decir que nunca he visto un azadón», remitir a Cecily a lo que considera el mundo propio de su adversaria: el rural.

presencia de los criados ejerce una influencia moderadora en las dos jóvenes, que se contienen, aunque también se percibe su irritación.

MERRIMAN
¿Debo servir el té como de costumbre, señorita?

CECILY, *fríamente, con voz tranquila*
Sí, como de costumbre.

MERRIMAN *empieza a despejar la mesa y a poner el mantel. Largo silencio.* CECILY *y* GWENDOLEN *se lanzan miradas furibundas.*

GWENDOLEN
¿Hay muchos paseos interesantes en los alrededores, Miss Cardew?

CECILY
¡Oh!, sí, muchísimos. Desde lo alto de una de las colinas, no lejos de aquí se pueden ver cinco condados.

GWENDOLEN
¡Cinco condados! No creo que me gustaría: odio las multitudes.

CECILY, *con dulzura*
Supongo que por esa razón vive en la ciudad.

GWENDOLEN *se muerde el labio y se golpea nerviosamente el pie con su sombrilla.*

GWENDOLEN, *mirando alrededor*
¡Qué salón tan encantador tiene usted, Miss Cardew!

CECILY
Me alegra que le guste, Miss Fairfax.

GWENDOLEN
No tenía ni idea de que en estos remotos campos pudiera encontrarse la menor sombra de buen gusto. Me sorprende de veras.

CECILY
Me temo que juzga usted el campo por lo que se ve en la ciudad. Por lo que yo sé, la mayoría de las casas de Londres son extremadamente vulgares.

GWENDOLEN
Supongo que deben deslumbrar a los espíritus rurales. Personalmente, no llego a entender cómo puede alguien vivir en el campo, si es que alguien que merezca la pena lo hace. El campo siempre me mata de aburrimiento.

CECILY
¡Ah!, eso es sin duda lo que los periódicos llaman la depresión agrícola, ¿no? Creo que la aristocracia la sufre mucho en la hora presente. Por lo que me han dicho, es casi una epidemia entre ellos[6]. ¿Puedo ofrecerle un té, Miss Fairfax?

6. Durante el último cuarto del siglo XIX, la agricultura británica sufría una fuerte depresión debida al mal tiempo que había dado lugar a malas cosechas y a la competencia de géneros importados a precios más baratos

GWENDOLEN, *con una cortesía muy elaborada*
Gracias. *(Aparte).* ¡Qué muchacha tan detestable! ¡Pero el té me sentará bien!

CECILY, *en tono dulzón*
¿Azúcar?

GWENDOLEN, *altiva*
No, gracias. El azúcar ya no está de moda.

CECILY *la mira furiosa, coge las pinzas y pone cuatro terrones de azúcar en la taza.*

CECILY, *en tono severo*
¿Bollo de té o pan con mantequilla?

GWENDOLEN, *con un gesto aburrido*
Pan con mantequilla, por favor. Hoy día es muy raro ver bollos en las casas elegantes.

CECILY *corta un trozo grande de bollo y lo pone en la bandeja*
Páseselo a Miss Fairfax.

MERRIMAN *lo hace, y sale con el lacayo.* GWENDOLEN *bebe el té y hace una mueca. Deja inmediatamente la taza, tiende la mano para coger el pan con mantequilla, lo mira y se da cuenta de que es pastel. Se levanta indignada.*

de América. Sus primeras víctimas, los grandes terratenientes aristócratas, orientaron entonces sus inversiones hacia la industria.

GWENDOLEN

Me ha llenado el té de terrones de azúcar y, aunque le he pedido clarísimamente pan y mantequilla, me ha dado usted bollo. Todo el mundo conoce mi temperamento afable y la extraordinaria dulzura de mi carácter, pero le advierto, Miss Cardew, que está yendo usted demasiado lejos.

CECILY, *levantándose*

Por salvar a mi pobre, inocente y confiado Ernest de las maquinaciones de cualquier otra mujer, estoy dispuesta a ir tan lejos como haga falta.

GWENDOLEN

He desconfiado de usted nada más verla. He sentido que era hipócrita y desleal. Nunca me equivoco en estas cosas. Mis primeras impresiones de la gente siempre son invariablemente justas.

CECILY

Me parece, Miss Fairfax, que estoy haciéndole perder un tiempo precioso. Sin duda tendrá que hacer muchas otras visitas de la misma naturaleza en el vecindario.

Entra JACK.

GWENDOLEN, *al verlo*

¡Ernest! ¡Mi Ernest!

JACK

¡Gwendolen! ¡Querida!

Avanza para besarla.

GWENDOLEN, *dando un paso atrás*
¡Un momento! ¿Puedo preguntarle si está usted comprometido en matrimonio con esta señorita?

Señala a CECILY.

JACK, *echándose a reír*
¿Con la querida y pequeña Cecily? ¡Claro que no! ¿Quién ha podido meterle semejante idea en su linda cabecita?

GWENDOLEN
Gracias. ¡Ahora sí que puede!

Le ofrece la mejilla.

CECILY, *con mucha dulzura*
Ya sabía yo que debía de haber algún malentendido, Miss Fairfax. El caballero cuyo brazo rodea su cintura en este momento es mi tutor, Mr. John Worthing.

GWENDOLEN
¿Cómo dice?

CECILY
Aquí está mi tío Jack.

GWENDOLEN, *dando otro paso atrás*
¡Jack! ¡Oh!

Entra ALGERNON.

CECILY
Este es Ernest.

ALGERNON *se dirige hacia* CECILY *sin reparar en nadie más*
¡Amor mío!

Avanza para besarla.

CECILY, *dando un paso atrás*
¡Un momento, Ernest! ¿Puedo preguntarle... si está usted comprometido en matrimonio con esta señorita?

ALGERNON, *mirando a su alrededor*
¿Con qué señorita? ¡Santo cielo! ¡Gwendolen!

CECILY
¡Sí! Santo cielo, Gwendolen, me refiero a Gwendolen.

ALGERNON, *echándose a reír*
¡Claro que no! ¿Quién ha podido meterle semejante idea en su linda cabecita?

CECILY
Gracias. *(Ofreciéndole la mejilla para que se la bese).* Ahora sí que puede.

ALGERNON *la besa.*

GWENDOLEN
Ya sabía yo que había algún ligero error, Miss Cardew. El caballero que en este momento la abraza es mi primo, Mr. Algernon Moncrieff.

CECILY, *apartándose de* ALGERNON
¡Algernon Moncrieff! ¡Oh!

Las dos jóvenes se acercan la una a la otra y se cogen por la cintura como tratando de protegerse.

CECILY
¿Se llama usted Algernon?

ALGERNON
No puedo negarlo.

CECILY
¡Oh!

GWENDOLEN
¿Su nombre es realmente John?

JACK, *irguiéndose con cierta arrogancia*
Podría negarlo si quisiera. Podría negar cualquier cosa si quisiera. Pero lo cierto es que me llamo John. He sido John durante años.

CECILY, *a* GWENDOLEN
Las dos hemos sido groseramente engañadas.

GWENDOLEN
Mi pobre Cecily, ¡ofendida!

CECILY
Mi dulce Gwendolen, ¡ultrajada!

GWENDOLEN, *lentamente y seria*

Desde ahora me llamarás hermana, ¿verdad?

Se abrazan. JACK *y* ALGERNON *van de un lado para otro gimiendo.*

CECILY, *con bastante entusiasmo*

Hay una pregunta que me gustaría hacerle a mi tutor, si se me permite.

GWENDOLEN

¡Admirable idea! Precisamente hay una pregunta que me gustaría hacerle, si se me permite, Mr. Worthing. ¿Dónde está su hermano Ernest? Las dos estamos prometidas en matrimonio con su hermano Ernest, por lo que para nosotras es de cierta importancia saber dónde está su hermano Ernest en este momento.

JACK, *lentamente y con voz vacilante*

Gwendolen... Cecily... es muy penoso para mí verme obligado a decir la verdad. Es la primera vez en mi vida que me veo obligado a pasar por un trance tan penoso, y de hecho no tengo la menor experiencia en este tipo de cosas. Sin embargo, voy a decirles con toda franqueza que no tengo ningún hermano Ernest. En realidad no tengo ningún hermano. Nunca en mi vida he tenido ningún hermano, y desde luego no tengo la menor intención de tener uno en el futuro.

CECILY, *sorprendida*

¿Ningún hermano?

JACK, *con entusiasmo*
¡Ninguno!

GWENDOLEN, *en tono severo*
¿Nunca ha tenido hermano de ningún tipo?

JACK, *alegremente*
Nunca. De ningún tipo.

GWENDOLEN
Me temo, Cecily, que está bastante claro que ninguna de las dos estamos prometidas en matrimonio a nadie.

CECILY
No es muy agradable para una chica encontrarse de pronto en semejante situación. ¿No le parece?

GWENDOLEN
Vámonos al jardín. No se atreverán a seguirnos.

CECILY
No, los hombres son tan cobardes, ¿verdad?

Se retiran hacia el jardín lanzando miradas desdeñosas.

JACK
¡En vaya lío me has metido! (ALGERNON *se sienta junto a la mesa y se sirve un té. No parece nada preocupado*). ¿Cómo diablos se te ha ocurrido venir aquí y pretender que eres mi hermano? ¡Realmente eres un monstruo!

ALGERNON, *comiéndose un muffin*[7]

¿Y cómo diablos se te ha ocurrido pretender que tienes un hermano? ¡Es totalmente vergonzoso!

Se come otro muffin.

JACK

Te había dicho que te fueras en el tren de las cuatro menos diez. Pedí el cabriolé para ti. ¿Por qué diablos no lo has cogido?

ALGERNON

Aún no me había bebido el té.

JACK

Supongo que este horrible estado de cosas es lo que tú llamas bunburizar, ¿no?

ALGERNON

Sí, y este es un maravilloso ejemplo de bunburismo. El Bunbury más maravilloso que he tenido en toda mi vida.

JACK

Bien, pero no tienes ningún derecho a bunburizar aquí.

ALGERNON

Eso es absurdo. Uno tiene derecho a bunburizar donde se le antoje. Todo bunburista serio lo sabe.

7. El *muffin* es un bollo, una especie de magdalena, con sabor a chocolate, que puede llevar trocitos de fruta; más adelante se habla del *tea-cake,* bollo con pasas, que por lo general se toma tostado y untado con mantequilla.

JACK

¡Todo bunburista serio! ¡Santo cielo!

ALGERNON

Bueno, hay que tomarse algo en serio si uno quiere divertirse un poco en la vida. Y resulta que yo soy serio con el bunburismo. No tengo ni la más remota idea de lo que tú te tomas en serio. Todo, imagino. Tienes un carácter tan absolutamente superficial.

JACK

Bueno, la única y pequeña satisfacción que saco de todo este miserable asunto es que tu amigo Bunbury se ha volatilizado por completo. Ya no podrás hacer escapadas al campo con tanta frecuencia como solías, querido Algy. Y eso es una buena cosa.

ALGERNON

También tu hermano ha perdido un poco de color, ¿verdad, querido Jack? Ya no podrás escaparte a Londres tan a menudo como era tu depravada costumbre. Y eso tampoco es una mala cosa.

JACK

En cuanto a tu conducta hacia Miss Cardew, debo decir que tu comportamiento con una dulce, sencilla e ingenua muchacha como ella, es totalmente inexcusable. Por no mencionar el hecho de que es mi pupila.

ALGERNON

Tampoco veo yo ninguna defensa posible de tu comportamiento con una joven tan brillante, inteligente y experimentada como Miss Fairfax. Por no mencionar el hecho de que es mi prima.

JACK

Quería casarme con Gwendolen, eso es todo. La amo.

ALGERNON

Bueno, yo quería simplemente casarme con Cecily. La adoro.

JACK

Desde luego, no hay la menor posibilidad de que te cases con Miss Cardew.

ALGERNON

No creo que sea mucho más probable, Jack, que Miss Fairfax y tú os unáis en matrimonio.

JACK

Bueno, eso no es asunto tuyo.

ALGERNON

Si fuera asunto mío, no hablaría de ello. Es muy vulgar hablar de los asuntos propios. Solo tipos como los agentes de bolsa lo hacen, y aun así únicamente en las cenas de sociedad.

JACK

Cómo puedes estar sentado ahí, comiendo tranquilamente muffins, cuando nos encontramos en esta horrible situación, es lo que no alcanzo a comprender. Creo que tu corazón es totalmente insensible.

ALGERNON

Bueno, soy incapaz de comer muffins y agitarme al mismo tiempo. Seguro que me mancharía los puños de mantequilla. Los muffins deben comerse siempre con mucha tranquilidad. Es la única manera de comerlos.

JACK

Lo que digo es que comer muffins en estas circunstancias solo es propio de un corazón insensible.

ALGERNON

Cuando estoy preocupado, comer es lo único que me consuela. De hecho, cuando realmente tengo un gran problema, como te dirá cualquiera de mis amigos íntimos, me niego a todo, salvo a comer y a beber. En este momento estoy comiendo muffins porque soy desdichado. Además, adoro particularmente los muffins.

Se levanta.

JACK, *levantándose*

Bueno, Algernon no es razón para que te los comas todos con esa voracidad.

Le quita a ALGERNON *el plato de muffins.*

ALGERNON, *ofreciéndole bollos de té*

Preferiría que tomases bollos de té. A mí no me gustan.

JACK

¡Santo cielo! ¡Supongo que un hombre tiene derecho a comer sus muffins en su propia casa!

ALGERNON

Pero si acabas de decir que comer muffins era prueba de un corazón totalmente insensible.

JACK

He dicho que tú demostrabas tener un corazón totalmente insensible en las actuales circunstancias. Lo cual es muy distinto.

ALGERNON

Puede ser. Pero los muffins son los mismos.

Recupera el plato de muffins de las manos de JACK.

JACK

Algy, me gustaría que tuvieras la bondad de irte.

ALGERNON

No puedes pedirme decentemente que me vaya sin haber comido algo. Sería absurdo. Nunca me voy sin haber comido. Nadie lo hace, salvo los vegetarianos y gente por el estilo. Además, acabo de ponerme de acuerdo con el reverendo Chasuble para que me bautice con el nombre de Ernest a las seis menos cuarto.

JACK

Mi querido amigo, cuanto antes renuncies a esas tonterías, mejor. También yo me he puesto de acuerdo esta mañana con el reverendo Chasuble para que me bautice a las cinco y media, y, naturalmente, tomaré el nombre de Ernest. Es deseo de Gwendolen. Los dos no podemos bautizarnos con el nombre de Ernest. Sería absurdo. Además, tengo perfecto derecho a que me bauticen si quiero. No hay ninguna prueba de haber sido bautizado por nadie. Me parece más que probable que no lo haya sido nunca, y eso mismo piensa el reverendo Chasuble. Tu caso es totalmente distinto. Ya fuiste bautizado.

ALGERNON

Sí, pero hace muchos años que no me bautizo.

JACK

Sí, pero fuiste bautizado. Y eso es lo único que cuenta.

ALGERNON

De acuerdo. Por eso sé que mi constitución puede resistirlo. Si tú no estás totalmente seguro de haber sido bautizado, debo decirte que me parece bastante peligroso que ahora te arriesgues a hacerlo. Podría sentarte mal. No debes olvidar que alguien muy cercano a ti ha estado a punto de morir en París esta misma semana de un fuerte resfriado.

JACK

Sí, pero tú mismo dijiste que no era hereditario ni nada parecido.

ALGERNON

Cierto, antes no solía serlo... pero me atrevería a decir que ahora lo es. La ciencia siempre está haciendo maravillosos progresos en todos los campos.

JACK
¿Puedo preguntarte, Algy, qué diablos te propones hacer?

ALGERNON
Nada en absoluto. Es lo que estoy tratando de hacer desde hace diez minutos, y tú no has parado de hacer cuanto estaba en tu mano para distraer mi atención de mis actividades.

JACK
Bueno, me iré al jardín en busca de Gwendolen. Estoy absolutamente seguro de que está esperándome.

ALGERNON
A juzgar por su actitud glacial, sé que Cecily me espera. Por lo tanto, no iré a buscarla al jardín. Cuando un hombre hace exactamente lo que una mujer espera, es que no tiene una elevada opinión de sí mismo. Siempre debemos hacer lo que una mujer no espera, del mismo modo que siempre debemos decir lo que no comprende. El resultado es, invariablemente, un perfecto entendimiento mutuo.

JACK
Oh, qué disparate. Siempre estás diciendo disparates.

ALGERNON
Es mucho más inteligente decir disparates que escucharlos, mi querido amigo, y también algo mucho más raro, a pesar de lo que pueda decir la gente.

JACK
No te escucho. Soy incapaz de escucharte.

ALGERNON
Oh, eso no es más que falsa modestia. Sabes perfectamente que podrías escucharme si lo intentas. Siempre te subestimas, cosa absurda hoy día cuando hay montones de gente pretenciosa. ¡Jack, estás volviendo a comer muffins! Deseo que no lo hagas. Solo quedan dos. *(Se lleva el plato).* Ya te he dicho que adoro los muffins.

JACK
Pero es que detesto los bollos de té.

ALGERNON
Entonces, ¿por qué diablos permites que sirvan bollos de té a tus invitados? ¿Se puede saber qué entiendes por hospitalidad?

JACK, *en un tono irritado*
¡Oh!, esa no es la cuestión. No estamos discutiendo de bollos. *(Cruza el escenario).* Algy, eres absolutamente insoportable. Eres incapaz de ceñirte al tema en cualquier conversación.

ALGERNON, *lentamente*
Es cierto: me hace daño.

JACK
¡Cielo santo! ¡Cuánta afectación! Me horroriza la afectación.

ALGERNON

Bueno, querido, si no te gusta la afectación, no veo realmente qué puede gustarte. Además, no es afectación. Siempre me duele tener algo, y detesto el dolor físico, del tipo que sea.

JACK *lanza una mirada furiosa a* ALGERNON; *luego va y viene por el escenario; finalmente se acerca a la ventana*

¡Algy! Ya te he dicho que te vayas. No quiero que sigas aquí. ¿Por qué no te vas?

ALGERNON

Aún no he terminado del todo mi té. Y todavía queda un muffin.

Coge el último muffin. JACK *lanza un gemido, se derrumba en un sillón y hunde la cara entre sus manos.*

TELÓN

Acto cuarto

ESCENA: *La misma.*

JACK *y* ALGERNON *se encuentran en idéntica posición que al final del Acto Tercero. Entran, por detrás de ellos,* GWENDOLEN *y* CECILY.

GWENDOLEN

El hecho de que no nos hayan seguido inmediatamente al jardín, como habría hecho cualquier otro, parece demostrar que todavía les queda algún sentido de la vergüenza.

CECILY

Se han comido los muffins. Es señal de cierto arrepentimiento.

GWENDOLEN, *tras un silencio*

No parece que hayan reparado en nosotras. ¿No podría usted toser?

CECILY
Pero si no estoy resfriada.

GWENDOLEN
Están mirándonos. ¡Qué desvergüenza!

CECILY
Se acercan. Eso sí que es osadía de su parte.

GWENDOLEN
Guardemos un digno silencio.

CECILY
Es lo mejor. Por ahora es lo único que podemos hacer.

JACK *y* ALGERNON *silban una horrible melodía popular de una opera inglesa*[1].

GWENDOLEN
Este digno silencio parece producir un efecto desagradable.

CECILY
De lo más deplorable.

GWENDOLEN
Pero no seremos nosotras las primeras en hablar.

1. Una de las operetas de Gilbert y Sullivan, *Patience* (1881), se había burlado de los estetas y de Wilde (en quien se habían inspirado para crear un personaje ridículo, Bunthorne), que aquí los convierte en blanco de su pulla.

CECILY
Claro que no.

GWENDOLEN
Mr. Worthing, tengo algo muy particular que preguntarle. Muchas cosas dependen de su respuesta.

CECILY
Gwendolen, su sentido común es inestimable. Mr. Moncrieff, tenga la bondad de responderme a la siguiente pregunta. ¿Por qué se ha hecho pasar por hermano de mi tutor?

ALGERNON
Pues para tener ocasión de conocerla.

CECILY, *a* GWENDOLEN
Desde luego parece una explicación satisfactoria, ¿verdad?

GWENDOLEN
Sí, querida, siempre que pueda usted creerle.

CECILY
No le creo. Pero eso no afecta a la maravillosa belleza de su respuesta.

GWENDOLEN
Cierto. En los asuntos graves e importantes, lo vital es el estilo, no la sinceridad. Mr. Worthing, ¿qué explicación puede ofrecerme de haber pretendido tener un herma-

no? ¿Era para tener una oportunidad de ir a la ciudad y verme lo más a menudo posible?

JACK
¿Puede dudarlo, Miss Fairfax?

GWENDOLEN
Tengo las más serias dudas al respecto. Pero intento disiparlas. No es este momento para escepticismos alemanes[2]. (*Acercándose a* CECILY). Sus explicaciones parecen de lo más satisfactorias, sobre todo la de Mr. Worthing. Diría que tienen el sello de la verdad.

CECILY
Yo estoy más que satisfecha con lo que ha dicho Mr. Moncrieff. Basta su voz para inspirar una confianza absoluta.

GWENDOLEN
¿Cree entonces que deberíamos perdonarlos?

CECILY
Sí. Quiero decir, no.

GWENDOLEN
¡Cierto! ¡Lo había olvidado! Hay principios en juego a los que no se puede renunciar. ¿Quién de nosotras debería decírselo? No es una tarea agradable.

2. Uno de los temas preferidos de Wilde: su ataque a la filosofía alemana.

CECILY
¿Y si les hablamos las dos al mismo tiempo?

GWENDOLEN
¡Excelente idea! ¡Yo siempre hablo al mismo tiempo que los demás! ¿Quiere que marque yo el ritmo?

CECILY
Por supuesto...

GWENDOLEN *lleva el compás con el dedo levantado.*

GWENDOLEN *y* CECILY, *hablando al mismo tiempo*
Sus nombres siguen siendo una barrera infranqueable. ¡Eso es todo!

JACK *y* ALGERNON, *hablando al mismo tiempo*
¡Nuestros nombres! ¿Eso es todo? Pero si vamos a bautizarnos esta tarde.

GWENDOLEN, *a* JACK
¿Por mi amor está usted dispuesto a cometer algo tan terrible?

JACK
Lo estoy.

CECILY, *a* ALGERNON
¿Por complacerme está dispuesto a afrontar esa espantosa prueba?

ALGERNON
Lo estoy.

GWENDOLEN
¡Qué absurdo hablar de la igualdad de sexos! Cuando se trata de sacrificarse, los hombres son infinitamente superiores a nosotras.

JACK
Lo somos.

JACK *y* ALGERNON *se estrechan la mano.*

CECILY
Tienen momentos de un valor físico que nosotras las mujeres desconocemos por completo.

GWENDOLEN, *a* JACK
¡Amor mío!

ALGERNON, *a* CECILY
¡Amor mío!

Caen las unas en brazos de los otros. Entra MERRIMAN. *Al entrar y ver la situación, tose ruidosamente.*

MERRIMAN
¡Ejem! ¡Ejem! ¡Lady Bracknell!

JACK
¡Santo cielo!

Entra LADY BRACKNELL. *Las parejas se separan alarmadas.* MERRIMAN *sale.*

LADY BRACKNELL
¡Gwendolen! ¿Qué significa esto?

GWENDOLEN
Simplemente que me he prometido en matrimonio con Mr. Worthing, mamá.

LADY BRACKNELL
¡Venga usted aquí! Siéntese. Siéntese ahora mismo. La vacilación, cualquiera que sea su naturaleza, es un signo de decadencia mental en los jóvenes, de debilidad física en los viejos. (*Volviéndose a* JACK). Enterada, señor, de la repentina fuga de mi hija por boca de su leal doncella, cuyas confidencias conseguí por cuatro perras, la seguí de inmediato en un tren de mercancías. Su infeliz padre, y me alegra decirlo, está convencido de que asiste a una conferencia bastante más larga de lo habitual, en el Programa de Extensión Universitaria, sobre la Influencia que ejercen unas rentas permanentes sobre el pensamiento[3]. No tengo intención de desengañarlo. De hecho, nunca lo he desengañado sobre ningún asunto. En mi opinión, sería un error. Pero, como es lógico, podrá com-

3. El «University Extensión Scheme» era un curso nocturno para adultos; el título de la conferencia vuelve a ser otra ironía burlona a costa de las clases privilegiadas que Wilde explica en un párrafo de *El alma del hombre bajo el socialismo:* aunque la sociedad industrial libere con sus máquinas al hombre del trabajo, no por eso la aristocracia se dedicará a pensar ni las fortunas millonarias eliminarán la ignorancia.

prender con claridad que toda relación entre usted y mi hija debe cesar inmediatamente desde este mismo instante. Sobre este punto, como a decir verdad sobre todos los puntos, soy inflexible.

JACK

¡Me he prometido en matrimonio con Gwendolen, Lady Bracknell!

LADY BRACKNELL

Usted no está prometido con nadie, caballero. Y ahora, ¡vayamos con Algernon!... ¡Algernon!

ALGERNON

Sí, tía Augusta.

LADY BRACKNELL

¿Puedo preguntarle si es en esta casa donde reside su enfermo amigo Mr. Bunbury?

ALGERNON, *tartamudeando*

¡Oh, no! Bunbury no vive aquí. En este momento Bunbury está en otra parte. De hecho, Bunbury ha muerto.

LADY BRACKNELL

¡Muerto! ¿Cuándo ha muerto Mr. Bunbury? Su muerte ha debido de ser extremadamente repentina.

ALGERNON, *con desenvoltura*

¡Oh! He matado a Bunbury esta tarde. Quiero decir que el pobre Bunbury ha muerto esta tarde.

LADY BRACKNELL
¿De qué ha muerto?

ALGERNON
¿Bunbury? Oh, se ha volatilizado por completo.

LADY BRACKNELL
¡Volatilizado! ¿Ha sido víctima de un atentado revolucionario[4]? No sabía que Mr. Bunbury estuviera interesado en las leyes sociales. Si así era, bien castigado está por haberse puesto enfermo.

ALGERNON
¡Querida tía Augusta, lo que quiero decir es que dieron con la verdad! Los médicos descubrieron que Bunbury no podía vivir, eso es lo que quiero decir... por lo tanto Bunbury está muerto.

LADY BRACKNELL
Parece haber tenido gran confianza en la opinión de sus médicos. Me alegra, con todo, que por fin se decidiera a seguir una línea de conducta definida, y que lo haya hecho bajo prescripción médica autorizada. Y ahora que por fin nos hemos librado del tal Mr. Bunbury, ¿puedo preguntar, Mr. Worthing, quién es esa joven cuya mano

4. En ese final de siglo, los atentados anarquistas recorrieron Europa. Además del zar ruso Alejandro II, cuyo asesinato en 1881 perjudicó el estreno de la obra de Wilde *Vera, o los nihilistas,* en la lista figuran el presidente francés Sadi Carnot (1837-1894), que resultó muerto por disparos anarquistas durante la Exposición de Lyon, y la emperatriz Isabel de Austria (1837-1898), conocida como Sissi.

mantiene cogida mi sobrino Algernon de un modo en mi opinión singularmente innecesario?

JACK
Esta señorita es Miss Cecily Cardew, mi pupila.

LADY BRACKNELL *se inclina fríamente ante* CECILY.

ALGERNON
Estoy prometido a Cecily, tía Augusta.

LADY BRACKNELL
¿Cómo dices?

CECILY
Mr. Moncrieff y yo nos hemos prometido, Lady Bracknell.

LADY BRACKNELL, *estremeciéndose, cruza el escenario hasta el sofá y se sienta*
No sé si hay algo particularmente excitante en el aire de esta parte concreta del Hertfordshire, pero el número de compromisos matrimoniales que se producen supera considerablemente a mi entender la media que las estadísticas han impuesto para nuestra conducta. Creo que una investigación preliminar de mi parte no estaría fuera de lugar. Mr. Worthing, ¿tiene Miss Cardew algo que ver con alguna de las principales estaciones de ferrocarril de Londres? Es una simple confirmación lo que pregunto. Hasta ayer desconocía que hubiera familias o personas que tienen su origen en una terminal.

JACK *parece extremadamente furioso, pero se contiene.*

JACK, *con una voz clara y fría*

Miss Cardew es nieta del difunto Mr. Thomas Cardew, del 149 de Belgrave Square, Londres; Gervase Park, Dorking, en el condado de Surrey; y Sporran, condado de Fifeshire, N. B.[5].

LADY BRACKNELL

Eso no me resulta desagradable. Tres direcciones siempre inspiran confianza, incluso en los comerciantes. Pero ¿qué prueba tengo de su autenticidad?

JACK

He conservado cuidadosamente las Guías Mundanas[6] de la época. Puede examinarlas cuando guste, Lady Bracknell.

LADY BRACKNELL, *con severidad*

He observado que hay extraños errores en esas publicaciones.

JACK

Los notarios de la familia de Miss Cardew son los señores Markby, Markby y Markby, del 149 de Lincoln Inn's

5. N. B., es decir, Norte de Gran Bretaña; esas iniciales eran empleadas por el servicio postal británico para Escocia.
6. *The Court Guides* publicaba mensualmente los nombres y las direcciones en Londres de la aristocracia. Por lo general, las personas que figuraban en sus listas habían sido presentadas a la reina.

Fields, Western Central District, Londres. No me cabe la menor duda de que estarán encantados de proporcionarle toda la información suplementaria. Sus oficinas están abiertas de diez a cuatro.

LADY BRACKNELL

¿Markby, Markby y Markby? Una firma de las más estimadas en su profesión. Me han dicho incluso que a uno de esos señores Markby suelen invitarlo de vez en cuando a cenas de sociedad. Hasta aquí, estoy satisfecha.

JACK, *en tono muy irritado*

¡Qué amabilidad de su parte, Lady Bracknell! También tengo en mi poder, y le agradará oírlo, todos los certificados de Miss Cardew, de nacimiento, bautismo, tosferina, registro civil, vacunación, confirmación y sarampión[7], en sus dos variedades, alemana e inglesa.

LADY BRACKNELL

¡Ah!, por lo que veo, una vida llena de incidentes; ¡aunque quizá demasiado agitada para una jovencita! Personalmente no soy partidaria de las experiencias prematuras. *(Se levanta y mira su reloj).* ¡Gwendolen!, se acerca la hora de nuestra marcha. No hay tiempo que perder. Por puro formalismo, Mr. Worthing, ¿puedo preguntar si Miss Cardew tiene la menor fortuna personal?

7. *Measles* además de su significado directo sirve, en el mundo anglosajón, para designar la rubéola, también llamada «el sarampión alemán», por ser médicos alemanes los que en el siglo XVII describieron por primera vez esa enfermedad.

JACK

¡Oh!, unas ciento treinta mil libras en bonos del Tesoro[8]. Eso es todo. Adiós, Lady Bracknell. Encantado de haberla visto.

LADY BRACKNELL, *volviendo a sentarse*

Un momento, Mr. Worthing. ¡Ciento treinta mil libras! ¡Y encima en bonos del Tesoro! Ahora que la miro, Miss Cardew me parece una joven enormemente atractiva. Son muy pocas las jóvenes que hoy día tienen cualidades verdaderamente sólidas, esa clase de cualidades que perduran y mejoran con el tiempo. Vivimos, y lamento decirlo, en una época muy superficial. (*A* CECILY). Venga aquí, querida. (CECILY *se acerca a ella*). ¡Encantadora niña! Su vestido es de una sencillez penosa, y su pelo casi parece estar como lo dejó la Naturaleza. Pero pronto podemos cambiar todo eso. Una doncella francesa muy experimentada consigue resultados realmente maravillosos en poquísimo tiempo. Recuerdo haber recomendado una a la joven Lady Lancing[9], y tres meses después su propio marido no la conocía.

JACK

Y seis meses más tarde no la conocía nadie.

LADY BRACKNELL *lanza durante unos momentos una mirada furiosa. Luego se inclina, con estudiada sonrisa, hacia* CECILY.

¿Tendrá usted la amabilidad de darse la vuelta, dulce niña? (CECILY *da una vuelta completa*). No, es el perfil lo

8. Fondos seguros y por eso muy apreciados.
9. Era el apellido que Wilde había pensado para titular esta obra; terminó sustituyéndolo por Bracknell y dando por título definitivo: *The Importance of being Earnest.*

que quiero ver. (CECILY *presenta su perfil*). Sí, lo que me esperaba. Hay en su perfil signos evidentes de posibilidades sociales. Los dos puntos débiles de nuestra época son su falta de principios y su falta de perfil. Levante un poco la barbilla, querida. El estilo depende en gran medida de la forma en que se lleva la barbilla. En estos momentos se lleva muy alta. ¡Algernon!

ALGERNON
Sí, tía Augusta.

LADY BRACKNELL
Hay en el perfil de Miss Cardew signos evidentes de posibilidades sociales.

ALGERNON
Cecily es la más dulce, la más encantadora y la más hermosa de todas las mujeres del mundo. Y me importan un comino sus posibilidades sociales.

LADY BRACKNELL
No hables nunca irrespetuosamente de la buena sociedad, Algernon. Solo la gente que no puede pertenecer a ella lo hace. (*A* CECILY). La supongo al corriente, querida niña, de que Algernon solo puede contar con sus deudas por todo recurso. Pero no apruebo los matrimonios por interés. Cuando me casé con Lord Bracknell, yo no tenía la menor fortuna. Ni por un momento pensé que eso pudiera ser un obstáculo en mi camino. Bien, supongo que debo dar mi consentimiento.

ALGERNON
Gracias, tía Augusta.

LADY BRACKNELL
Cecily, ¡puedes darme un beso!

CECILY *la besa*
¡Gracias, Lady Bracknell!

LADY BRACKNELL
También tú puedes llamarme tía Augusta en el futuro.

CECILY
Gracias, tía Augusta.

LADY BRACKNELL
Creo que lo mejor será celebrar la boda cuantos antes.

ALGERNON
Gracias, tía Augusta.

CECILY
Gracias, tía Augusta.

LADY BRACKNELL
Si he de serle sincera, no soy partidaria de los noviazgos largos. Dan a cada uno la posibilidad de descubrir el carácter del otro antes del matrimonio, lo cual, en mi opinión, nunca es aconsejable.

JACK

Perdóneme por interrumpirla, Lady Bracknell, pero ese compromiso está totalmente fuera de lugar. Soy el tutor de Miss Cardew, y no puede casarse sin mi consentimiento antes de su mayoría de edad. Y ese consentimiento me niego categóricamente a darlo.

LADY BRACKNELL

¿Puedo preguntar con qué fundamento? Algernon es un joven extremadamente, debería decir ostensiblemente, aceptable. No tiene nada, pero aparenta tenerlo todo. ¿Qué más se puede desear?

JACK

Lamento mucho tener que hablarle francamente de su sobrino, Lady Bracknell, pero, a decir verdad, no apruebo en absoluto su carácter moral. Sospecho que miente.

ALGERNON *y* CECILY *lo miran con una estupefacción indignada.*

LADY BRACKNELL

¿Mentir mi sobrino Algernon? ¡Imposible! Fue alumno de Oxford[10].

JACK

Mucho me temo que no haya duda posible sobre el asunto. Esta tarde, durante mi presencia temporal en Londres

10. Las principales universidades británicas, y de manera especial Oxford, conferían un halo de respetabilidad a sus alumnos.

por importantes razones sentimentales, ha conseguido introducirse en mi casa con la falsa pretensión de ser mi hermano. Bajo un nombre supuesto se ha bebido, como acaba de informarme mi mayordomo, una botella entera de mi Perrier-Jouet, brut, del 89[11], que reservaba especialmente para mí mismo. Siguiendo con su escandalosa superchería, ha conseguido en el curso de la tarde arrebatarme el cariño de mi única pupila. Acto seguido se ha quedado a tomar el té y ha devorado todos los muffins. Y lo que vuelve su conducta más desalmada es que sabía perfectamente desde el principio que no tengo ningún hermano, que nunca he tenido hermano y que no tengo la intención de tener hermano de ninguna clase. Yo mismo se lo dije con toda claridad ayer por la tarde.

CECILY

Pero, querido tío Jack, durante el último año usted nos ha dicho a todos nosotros que tenía un hermano. Nos hablaba continuamente sobre él. Algy se ha limitado a corroborar sus palabras. Era muy noble de su parte.

JACK

Perdóneme, Cecily, usted es demasiado joven para comprender estos asuntos. Inventar algo es un acto de puro genio y, en una época tan mercantil como la nuestra, pone de manifiesto un considerable valor físico. Son pocos los novelistas modernos que se atreven a inventar

11. Champán seco, de gran calidad y muy caro; entre los despilfarros que del dinero de Wilde hacía Douglas, figura el de este champán en los reproches que le echa en cara en *De profundis.*

algo. Es un secreto a voces que son incapaces de hacerlo. Por otro lado, corroborar una mentira es manifiestamente un acto de cobardía. Sé que es un servicio que los periódicos se prestan unos a otros todos los días. Pero eso no es propio de un caballero. Un caballero nunca corrobora nada.

ALGERNON, *furioso*
¡Jack, por ejemplo!

LADY BRACKNELL
¡Ejem! Mr. Worthing, tras madura reflexión he decidido no tener en cuenta la conducta de mi sobrino hacia usted.

JACK
Es muy generoso de su parte, Lady Bracknell. Sin embargo, mi decisión es irrevocable. Me niego a dar mi consentimiento.

LADY BRACKNELL, *a* CECILY
Ven aquí, dulce niña. (CECILY *se acerca a ella*). ¿Qué años tienes?

CECILY
Bueno, en realidad solo tengo dieciocho, pero siempre admito veinte cuando voy a fiestas.

LADY BRACKNELL
Tienes perfecto derecho a hacer pequeñas modificaciones. A decir verdad, las mujeres nunca deberían ser muy

precisas sobre su edad. Parece tan calculador... *(Con gesto meditativo).* Dieciocho años, pero admitiendo veinte en las fiestas. Bien, no falta mucho para que alcances la mayoría y te veas libre de las trabas de la tutela[12]. Por eso creo que, a fin de cuentas, el consentimiento de tu tutor carece de importancia.

JACK

Le ruego, Lady Bracknell, que me disculpe por interrumpirla de nuevo, pero debo decirle que, según los términos del testamento de su abuelo, Miss Cardew no alcanzará legalmente su mayoría de edad hasta los treinta y cinco.

LADY BRACKNELL

Tampoco me parece una objeción seria. Treinta y cinco es una edad muy atractiva. La buena sociedad de Londres está llena de mujeres que, por propia y libre elección, tienen treinta y cinco años durante mucho tiempo. Lady Dumbleton, por ejemplo. Por lo que sé, tiene treinta y cinco años desde que cumplió cuarenta, y esto fue hace ya muchos años. No veo razón para que nuestra querida Cecily no siga siendo tan atractiva a esa edad como lo es hoy día. Se habrá producido una gran acumulación de bienes.

CECILY, *a* JACK

¿Está completamente seguro de que no puedo casarme sin su consentimiento hasta que tenga treinta y cinco años?

12. La edad legal en la mayoría de los países europeos era de veintiún años; en 1974 fue rebajada a dieciocho.

JACK

Esa es la sabia disposición tomada por su abuelo, Cecily. No cabe duda de que había previsto la clase de dificultades que podrían surgir.

CECILY

En ese caso, el abuelo debía tener una imaginación extraordinaria. Algy... ¿sería capaz de esperarme hasta que tenga treinta y cinco años? No conteste demasiado deprisa. Es una pregunta muy seria, y gran parte de mi felicidad futura, como también de la suya, depende de su respuesta.

ALGERNON

Claro que podría, Cecily. ¿Cómo puede hacerme esa pregunta? Podría esperarla hasta el fin de los tiempos. Usted sabe que podría.

CECILY

Sí, lo sentía instintivamente, pero yo soy incapaz de esperar todo ese tiempo. Me horroriza esperar a alguien, aunque solo sea cinco minutos. Siempre me pone de muy mal humor. Sé que yo no soy puntual, pero me gusta que los demás lo sean, y esperar, incluso para casarme, me parece totalmente improcedente.

ALGERNON

Entonces, ¿qué vamos a hacer, Cecily?

CECILY

No lo sé, Mr. Moncrieff.

LADY BRACKNELL

Mi querido Mr. Worthing, dado que Miss Cecily afirma claramente que no puede esperar hasta cumplir los treinta y cinco años, –observación que me veo obligada a decir que, a mi juicio, parece mostrar un temperamento algo impaciente–, le rogaría que reconsiderase su decisión.

JACK

Pero mi querida Lady Bracknell, el asunto está enteramente en sus manos. En cuanto usted consienta mi matrimonio con Gwendolen, estaré encantado de permitir que su sobrino contraiga una alianza con mi pupila.

LADY BRACKNELL, *levantándose e irguiendo la cabeza*

Sabe de sobra que esa propuesta es totalmente inadmisible.

JACK

En tal caso, un apasionado celibato es lo único que cada uno de nosotros podemos esperar.

LADY BRACKNELL

No es ese el destino que me he propuesto para Gwendolen. Algernon, desde luego, es libre de elegir. *(Saca su reloj).* Vamos, querida (GWENDOLEN *se levanta*). Ya hemos perdido cinco trenes, si no seis. Perder uno más podría exponernos a comentarios en el andén.

Entra el reverendo CHASUBLE.

CHASUBLE
Todo está preparado para los bautizos.

LADY BRACKNELL
¿Bautizos, señor? ¿No es un poco prematuro?

CHASUBLE, *mirando algo desconcertado, y señalando con el dedo a* JACK *y a* ALGERNON
Estos dos caballeros han expresado su deseo de bautizarse inmediatamente.

LADY BRACKNELL
¿A su edad? ¡Qué idea tan grotesca e irreligiosa! Algernon, te prohíbo que te bautices. No quiero ni oír hablar de semejante extravagancia. Lord Bracknell se disgustaría muchísimo si llegara a saber la forma en que derrochas tu tiempo y tu dinero.

CHASUBLE
¿Debo entender entonces que no habrá bautizos esta tarde?

JACK
No creo que, tal como están ahora las cosas, tendrían el menor interés práctico para ninguno de los dos, reverendo.

CHASUBLE
Me apena oírle expresar esos sentimientos, Mr. Worthing. Huelen a las doctrinas heréticas de los anabaptistas[13], doc-

13. Derivada de la católica, la religión anabaptista nació en Alemania en el siglo XV; recibe su nombre de la idea sobre el bautismo (véase más

trinas que yo he refutado punto por punto en cuatro de mis sermones inéditos. No debe hablarse a la ligera de la regeneración por el bautismo. De hecho, los padres de la Iglesia son unánimes en este punto: el bautismo es una forma de nuevo nacimiento. Sin embargo, cuando se trata de adultos, el bautismo forzado, salvo en el caso de las tribus salvajes, es, y lamento decirlo, contrario a las leyes canónicas. Por otra parte, debo volver ahora mismo a la iglesia. El pertiguero acaba de informarme de que Miss Prism me espera desde hace hora y media en la sacristía.

LADY BRACKNELL, *sobresaltándose*
¡Miss Prism! ¿Ha mencionado usted a Miss Prism?

CHASUBLE
Sí, Lady Bracknell. Voy a reunirme con ella.

LADY BRACKNELL
Permítame retenerle un instante, se lo ruego. Este asunto puede ser de vital importancia para Lord Bracknell y para mí. ¿Esa Miss Prism es una mujer de aspecto repelente, remotamente relacionada con la enseñanza?

CHASUBLE, *no sin cierta indignación*
Es la más cultivada de las damas y el vivo retrato de la respetabilidad.

arriba nota 14, pág. 142). El término anabaptista se empleaba en ese final de siglo en Inglaterra con sentido peyorativo y designaba sobre todo a los baptistas.

LADY BRACKNELL
Evidentemente se trata de la misma persona. ¿Puedo preguntar qué posición ocupa en su casa?

CHASUBLE, *en tono severo*
Soy soltero, señora.

JACK, *interviniendo*
Miss Prism, Lady Bracknell, ha sido durante los tres últimos años la respetada institutriz y la inestimable compañía de Miss Cardew.

LADY BRACKNELL
Pese a lo que oigo de ella, debo verla de inmediato. Envíen a buscarla.

CHASUBLE, *mirando hacia fuera*
Precisamente ahí llega.

Entra MISS PRISM *precipitadamente.*

MISS PRISM
Me habían dicho que me esperaba usted en la sacristía, querido canónigo. He estado aguardándolo una hora y tres cuartos.

Ve a LADY BRACKNELL, *que fija en ella una mirada pétrea.* MISS PRISM *palidece y tiembla. Mira ansiosamente a su alrededor, como si quisiera huir.*

LADY BRACKNELL, *en tono severo y judicial*

¡Prism! (MISS PRISM *baja la cabeza avergonzada*). ¡Venga aquí, Prism! (MISS PRISM *se acerca con gesto humilde*). ¡Prism! ¿Dónde está aquel niño? *(Consternación general. El canónigo retrocede horrorizado.* ALGERNON *y* JACK *parecen querer impedir que* CECILY *y* GWENDOLEN *oigan los detalles de un horrible escándalo público).* Hace veintiocho años, Prism, salió usted de casa de Lord Bracknell, en el número 104 de Upper Grosvenor Square, con un cochecito que contenía un niño de sexo masculino. Nunca volvió usted. Pocas semanas más tarde, gracias a las minuciosas investigaciones de la policía metropolitana, se encontró a media noche el cochecito abandonado en un remoto rincón de Bayswater[14]. Contenía el manuscrito de una novela en tres tomos de un sentimentalismo más repugnante de lo habitual. (MISS PRISM *se sobresalta con involuntaria indignación*). Pero el niño no estaba allí. (*Todos miran a* MISS PRISM). ¡Prism! ¿Dónde está aquel niño?

Silencio.

MISS PRISM

Lady Bracknell, admito avergonzada que no lo sé. Ojalá lo supiera. Los hechos del caso son los siguientes: la mañana de ese día que usted ha mencionado, día que vivirá por siempre grabado en mi memoria, me preparé como de costumbre para sacar de paseo al niño en su cochecito. También llevaba conmigo una bolsa de viaje algo usada, pero de gran capacidad, en la que pensaba meter el

14. Barrio de Londres, al norte de Hyde Park.

manuscrito de una obra de ficción que había escrito en mis escasos ratos libres. En un momento de abstracción mental que nunca me perdonaré, puse el manuscrito en el cochecito y metí al niño en la bolsa de viaje.

JACK, *que ha estado escuchando atentamente*
Pero ¿dónde depositó la bolsa?

MISS PRISM
No me lo pregunte, Mr. Worthing.

JACK
Miss Prism, es un asunto de no poca importancia para mí. Insisto en saber dónde depositó usted la bolsa que contenía al niño.

MISS PRISM
La dejé en la consigna de una de las mayores estaciones de ferrocarril de Londres.

JACK
¿En qué estación?

MISS PRISM, *muy abrumada*
En la estación Victoria. En la línea de Brighton.

Se desploma en un silla.

LADY BRACKNELL, *mirando a* JACK
Espero sinceramente que no ocurra nada improbable. Lo improbable siempre es de mal gusto, o en cualquier caso de un gusto discutible.

JACK

Debo retirarme un momento a mi habitación.

CHASUBLE

La noticia parece haberlo alterado, Mr. Worthing. Espero que esa indisposición solo sea pasajera.

JACK

Volveré dentro de unos instantes, querido canónigo. ¡Gwendolen! ¡Espéreme aquí!

GWENDOLEN

Si no tarda demasiado, lo esperaré aquí toda mi vida.

JACK *sale presa de una gran excitación.*

CHASUBLE

¿Qué cree usted que significa esto, Lady Bracknell?

LADY BRACKNELL

Ni siquiera me atrevo a sospecharlo, reverendo Chasuble. No necesito decirle que, en las familias de la alta sociedad, no se admite la posibilidad de coincidencias extrañas. No se consideran de buen tono.

Se oyen ruidos arriba, como si alguien estuviera desplazando baúles con violencia. Todos miran hacia arriba.

CECILY

El tío Jack parece extrañamente agitado.

CHASUBLE
Su tutor es de un temperamento muy vivo.

LADY BRACKNELL
¡Qué ruido tan desagradable! Parece como si estuviera discutiendo con los muebles. Me horrorizan las discusiones de cualquier clase que sean. Siempre son vulgares, y a menudo convincentes.

CHASUBLE, *mirando hacia arriba*
Ya ha cesado.

El ruido cobra intensidad de nuevo.

LADY BRACKNELL
Me gustaría que llegase a una conclusión.

GWENDOLEN
Esta incertidumbre es insoportable. Espero que dure.

Entra JACK *con una bolsa de viaje de cuero negro en la mano.*

JACK, *precipitándose hacia* MISS PRISM
¿Es esta la bolsa de viaje, Miss Prism? Examínela con cuidado antes de hablar. La felicidad de más de una vida depende de su respuesta.

MISS PRISM, *con calma*
Parece la mía. Sí, aquí está el raspón que sufrió cuando un ómnibus de Gower Street[15] volcó en los días más feli-

15. Ese ómnibus pasaba por delante del British Museum.

ces de mi juventud. Aquí está la mancha en el forro causada por la explosión de un termo, incidente que ocurrió en Leamington[16]. Y aquí, en el cierre, están mis iniciales. Se me había olvidado que, en un momento de extravagancia, las había mandado grabar. No hay duda de que la bolsa es mía. Estoy encantada de haberla recuperado de forma tan inesperada. Ha sido muy penoso vivir sin ella todos estos años.

JACK, *en tono patético*
Miss Prism, ha recuperado usted algo más que una bolsa de viaje. Yo era el niño que usted puso dentro.

MISS PRISM, *sorprendida*
¿Usted?

JACK, *estrechándola en sus brazos*
¡Sí... madre!

MISS PRISM, *retrocediendo, perpleja e indignada*
¡Mr. Worthing, yo estoy soltera!

JACK
¡Soltera! No negaré que es un duro golpe. Pero, después de todo, ¿quién tiene derecho a tirar una piedra contra quien ha sufrido[17]? ¿No puede el arrepentimiento borrar un instante de locura? ¿Por qué ha de haber

16. Leamington Spa, ciudad del Warwickshire, era una estación balnearia frecuentada por la aristocracia.
17. Alusión al episodio de la mujer adúltera: «El que de vosotros esté sin pecado, [sea] el primero que le tire una piedra», Evangelio de Juan 8, 7.

una ley para los hombres, y otra para las mujeres? Madre, yo la perdono.

Intenta abrazarla de nuevo.

Miss Prism, *más indignada todavía*

Pero Mr. Worthing, aquí hay algún error. Nunca en mi vida he conocido la maternidad. Su simple sugerencia, si no fuera hecha ante tanta gente, casi sería una falta de delicadeza. (*Señalando con el dedo a* Lady Bracknell). Esa señora puede decirle quién es usted en realidad.

Se retira al fondo del escenario.

Jack, *tras una pausa*

Lady Bracknell, odio parecer indiscreto, pero ¿tendría la bondad de decirme quién soy?

Lady Bracknell

Me temo que las noticias que voy a darte no sean completamente de tu agrado. Eres hijo de mi pobre hermana, Mrs. Moncrieff, y, por lo tanto, el hermano mayor de Algernon.

Jack

¡El hermano mayor de Algy! Así que, después de todo, tengo un hermano. ¡Ya sabía yo que tenía un hermano! ¡Siempre dije que tenía un hermano! Cecily... ¿cómo pudiste dudar nunca de que yo tuviera un hermano? (*Cogiendo de la mano a* Algernon). Reverendo Chasuble, mi desdichado hermano. Miss Prism, mi desdichado hermano. Gwendolen, mi desdichado hermano. Algy, viejo canalla, desde ahora tendrás que tratarme con más respeto. En toda tu vida nunca te has portado conmigo como un hermano.

ALGERNON

Bueno, admito, querido, que hasta hoy no lo he sido. *(Le estrecha la mano).* Lo hice lo mejor que pude, pero me faltaba práctica.

GWENDOLEN, *a* JACK

¡Amor mío!

JACK

¡Amor mío!

LADY BRACKNELL

En estas circunstancias tan extrañas como imprevistas, puedes abrazar a tu tía Augusta.

JACK, *sin moverse del sitio*

Estoy aturdido de felicidad. (*Besa a* GWENDOLEN). Apenas si sé a quién beso.

ALGERNON *aprovecha la ocasión para besar a* CECILY.

GWENDOLEN

Espero que sea la última vez que le oigo hacer una observación así.

JACK

Se lo prometo, querida.

MISS PRISM, *avanzando, después de toser ligeramente*

Mr. Worthing... Mr. Moncrieff, como ahora debería llamarlo... después de lo que acaba de ocurrir considero mi deber renunciar a mi posición en esta casa. De todos los sinsabores que haya podido causarle en su infancia por haberle puesto en esta bolsa de viaje por descuido, le pido sinceramente excusas.

JACK

No hablemos de eso, querida Miss Prism. No hablemos de nada. Estoy seguro de que pasé muy buenos momentos en su preciosa bolsa de viaje a pesar del golpe que recibió cuando un ómnibus volcó en los felices días de su juventud. En cuanto a despedirse, es una sugerencia absurda.

MISS PRISM

Es mi deber despedirme. En realidad ya no tengo nada más que enseñar a mi querida Cecily. En la dificilísima tarea que consiste casarse, temo que mi deliciosa e inteligente alumna ha superado de lejos a su maestra.

CHASUBLE

¡Un momento... Leticia!

MISS PRISM

¡Reverendo Chasuble!

CHASUBLE

Leticia, he llegado a la conclusión de que la Iglesia Primitiva estaba en el error en ciertos puntos. En el texto parecen haberse deslizado algunas lecturas corruptas. Solicito el honor de pedir su mano.

MISS PRISM

Frederik, en este preciso instante me faltan palabras para expresar lo que siento. Pero esta noche le haré llegar los tres últimos volúmenes de mi diario. En ellos podrá encontrar la descripción completa de los sentimientos que he alimentado por usted en los últimos dieciocho meses.

Entra MERRIMAN.

MERRIMAN

El cochero de Lady Bracknell dice que no puede seguir esperando más tiempo.

LADY BRACKNELL, *levantándose*

¡Es cierto! Debo volver a Londres inmediatamente. *(Saca su reloj).* Veo que a esta hora he perdido nueve trenes por lo menos. Ya solo queda uno. (MERRIMAN *sale.* LADY BRACKNELL *se dirige hacia la puerta*). Prism, por la última observación que ha hecho usted al reverendo Chasuble, me entero con pesar de que sigue sin abandonar su apasionamiento por la ficción en tres volúmenes. Y, si realmente tiene intención de abrazar el estado matrimonial, que a su edad me parece, y es mi deber decírselo, contrario a los sabios designios de la Providencia, confío en que tendrá más cuidado de su marido del que tuvo con el niño del que era responsable, y en que no abandonará a este pobre reverendo Chasuble en una estación de ferrocarril en una bolsa de viaje o en cualquier otra clase de receptáculo. Como todo el mundo sabe, las consignas de estación están llenas de corrientes de aire. (MISS PRISM *baja humildemente la cabeza*). Reverendo, le presento mis más sinceros y mejores deseos, y si el bautismo es, como usted dice, una forma de nuevo nacimiento, le aconsejo vivamente que bautice a Miss Prism sin demora. Volver a nacer sería para ella enormemente provechoso. No sé si este procedimiento es conforme con los usos de la Iglesia Primitiva, pero no me parece demasiado probable que hayan tenido que enfrentarse a problemas tan extremadamente complicados. *(Volviéndose amablemente hacia* CECILY *y acariciándole la mejilla).* ¡Mi dulce niña! Dentro de unos días te esperaremos en casa, en Upper Grosvenor Street.

CECILY
¡Gracias, tía Augusta!

LADY BRACKNELL
Vamos, Gwendolen.

GWENDOLEN, *a* JACK
¡Querido mío! Pero... ¿mi querido qué? ¿Cuál es su nombre, ahora que se ha vuelto usted otro?

JACK
¡Santo cielo!... Había olvidado por completo este detalle. Supongo que su decisión sobre mi nombre es irrevocable.

GWENDOLEN
Yo no cambio jamás, salvo en mis sentimientos.

CECILY
¡Qué carácter tan noble tiene usted, Gwendolen!

JACK
Entonces lo mejor será aclarar cuanto antes la cuestión. Un momento, tía Augusta. Cuando Miss Prism me dejó en la bolsa de viaje, ¿ya estaba bautizado? Calma, tía Augusta, se lo ruego. Es una prueba terrible y muchas cosas dependen de su respuesta.

LADY BRACKNELL, *muy tranquila*
Todos los lujos que el dinero puede comprar, incluido el bautismo, te fueron prodigados por unos padres que te querían y te adoraban.

JACK
¡O sea que fui bautizado! Asunto resuelto. Y ahora, ¿qué nombre me pusieron? Estoy preparado para lo peor.

LADY BRACKNELL, *tras un silencio*
Por ser el mayor, te darían como es lógico el nombre de tu padre.

JACK, *en tono irritado*
Sí, pero ¿cuál era el nombre de mi padre? Por favor, no se quede tan tranquila, tía Augusta. Es una crisis espantosa y todo depende de la naturaleza de su respuesta. ¿Cuál era el nombre de mi padre?

LADY BRACKNELL, *pensativa*
En este momento no puedo recordar cuál era el nombre del general. Tu pobre madre siempre se dirigía a él lla-

mándolo «general». De eso me acuerdo bien. A decir verdad, no creo que se hubiera atrevido a llamarlo por su nombre. Pero estoy absolutamente segura de que tenía uno. Era un hombre bastante violento en sus modales, pero no había en él nada de excéntrico. Su violencia era más bien resultado del clima de la India, del matrimonio, de las indigestiones y de cosas por el estilo. De hecho, era más bien intratable en lo que se refiere a los pequeños detalles de la vida cotidiana. Demasiado, como solía decirle yo a mi hermana.

JACK

¡Algy! ¿No puedes recordar cuál era el nombre de nuestro padre?

ALGERNON

Querido, nunca nos dirigimos la palabra. Murió antes de que yo cumpliera un año.

JACK

Supongo, tía Augusta, que su nombre debería figurar en los Anuarios Militares de la época.

LADY BRACKNELL

El general era en el fondo un hombre de paz, salvo en su vida conyugal. Pero no hay duda de que su nombre aparecerá en alguno de esos Anuarios Militares.

JACK

Los Anuarios Militares de los últimos cuarenta años están aquí. *(Se lanza hacia la estantería y saca con movimientos febriles varios volúmenes que se apresura a repartir).* Tenga, reverendo... Miss Prism, dos para ustedes... Cecily, Cecily, un Anuario. Hazme un resumen ahora mismo. Algernon, por favor, busca el nombre de nuestro padre en la historia de Inglaterra, si queda en ti el menor rasgo de amor filial. Tía Augusta, le ruego que utilice su inteligencia masculina para aclarar este punto. Gwendolen... no, esto la alteraría demasiado. Deje estas búsquedas a naturalezas menos filosóficas que la suya, como nosotros.

GWENDOLEN, *heroicamente*

Deme seis ejemplares de la época que sea, de este siglo o del anterior. ¡Me da igual!

JACK

¡Qué noble joven! Aquí tiene una docena. Más serían demasiada carga para usted. *(Le lleva una pila de Anuarios Militares, los recorre él mismo apresuradamente, arrancándoselos de las manos cada vez que ella intenta consultarlos).* No, déjeme mirar. No, déjeme a mí, querida. Creo que yo lo encontraré antes, cariño. Se lo ruego, amor mío.

CHASUBLE

Mr. Moncrieff, ¿a qué estación ha dicho usted que quería ir?

JACK, *deteniéndose desesperado*

¿Qué estación? ¿Quién diablos está hablando de una estación? Lo único que quiero es encontrar el nombre de mi padre.

CHASUBLE

Pero usted me ha dado una guía de ferrocarriles. *(La examina).* De 1869, por lo que veo. Es un libro antiguo de considerable interés para los anticuarios, pero que no tiene nada que ver con la cuestión de los nombres que suelen darse a los generales el día de su bautizo.

CECILY

Lo siento mucho, tío Jack, pero parece que a los generales ni siquiera los citan en la *Historia de nuestros tiempos,* pese a tratarse de la mejor edición. La única escrita en colaboración con la máquina de escribir.

MISS PRISM

Mr. Moncrieff, a mí me ha dado dos ejemplares del catálogo de precios de la Cooperativa de funcionarios. No encuentro generales citados en ninguna parte. No parece que haya ni oferta ni demanda.

LADY BRACKNELL

Ese tratado, *El clavel verde*[18], como veo que se titula, parece ser un libro sobre el cultivo de las plantas exóticas. No contiene ninguna referencia a generales. Parece una de esas mórbidas obras destinadas a las clases medias.

JACK, *realmente muy irritado*

¡Santo cielo! ¿Y tú, Algy, qué tontería estás leyendo? *(Le coge el libro).* ¿El Anuario Militar? Bien, supongo que no sabías

18. Robert Hichens publicó en 1894 la novela *The Green Carnation,* en la que satirizaba el mundo estetizante y decadente, y pintaba al propio Wilde bajo los rasgos de uno de los personajes, Esmé Amarinth.

que era el Anuario Militar. Y lo has abierto por la página equivocada. Seguro que te salta a los ojos lo que buscamos. M. Generales. Malam... –¡vaya unos nombres sombríos que tienen!–, Markby, Migsby, Mobbs, Moncrieff, ¡Moncrieff! Teniente en 1840, capitán, teniente coronel, coronel, general en 1860. Nombres de pila, Ernest John. *(Deja el libro tranquilamente y habla con mucha calma).* ¿No te dije siempre, Gwendolen, que me llamaba Ernest? Bueno, después de todo es Ernest. Quiero decir que es, naturalmente, Ernest.

LADY BRACKNELL

Sí, ahora me acuerdo de que el general se llamaba Ernest. Ya sabía yo que había una buena razón para que no me gustara el nombre. Vámonos, Gwendolen.

Sale.

GWENDOLEN

¡Ernest! ¡Mi Ernest! Desde el principio sentí que no podía tener usted otro nombre.

JACK

Gwendolen, para un hombre es algo terrible descubrir de pronto que toda su vida no ha dicho más que la verdad. ¿Puede perdonarme?

GWENDOLEN

Sí, porque sé que está dispuesto a cambiar.

JACK

¡Amor mío!

CHASUBLE, *a* MISS PRISM
¡Leticia!

La abraza.

Miss Prism, *muy entusiasmada*
¡Frederick! ¡Al fin!

ALGERNON
¡Cecily! *(La abraza).* ¡Al fin!

JACK
¡Gwendolen! *(La abraza).* ¡Al fin!

Entra LADY BRACKNELL.

LADY BRACKNELL
¡He perdido el último tren! Me parece, sobrino, que das muestras de cierta frivolidad.

JACK
Al contrario, tía Augusta, por primera vez en mi vida acabo de comprender la vital Importancia de llamarse Ernesto.

CUADRO

TELÓN